LIDERAZGO PASTORAL Y GOBIERNO DE LA
IGLESIA

Guía de Estudio para Pastores, Ministros y Diáconos sobre el Gobierno de la Iglesia

Para la Iglesia del Nuevo Testamento

2ª Edición

OBISPO HARRY L, HERMAN, D.D., TH.D

EDITOR EN JEFE
Anciano Eric Beda, MBA

ALPHA OMEGA
PUBLISHING

Copyright © 1997, 2016 por Alpha Omega Publishing Company
Todos los derechos reservados.
Ninguna parte de este documento puede ser reproducida o transmitida de ninguna forma o por ningún medio, electrónico, mecánico, fotocopia o grabación sin el previo permiso por escrito de Alpha Omega Publishing, excepto en el caso de citas breves integradas en artículos críticos y revisiones.
Publicado en los Estados Unidos por
Alpha Omega Publishing Company
P.O. Box 353, Jackson, MI 49204
Número de Control de la Biblioteca del Congreso: 2017934392
ISBN: 978-0-9985799-2-4

Adaptado del *Gobierno de la Iglesia: Una Guía de Estudio de la Administración Pastoral* © 1997 por Harry L. Herman, D.D., Th.D. Todas las citas de las escrituras se derivan de la versión de la Santa Biblia *de la Reina Valera (1960).*

Herman, Harry L.
1. Liderazgo Pastoral. 2. Autoridad de Gobierno de la Iglesia. 3. Diezmos y Ofrendas.
4. Confesión y Restauración. 5. Papel de la Junta de Diáconos y de la Iglesia

Alpha Omega Publishing Company publica libros que promueven la discusión y comprensión del Movimiento Pentecostal a lo largo de las cuatro esquinas del mundo desde el Día de Pentecostés. Estos libros son posibles gracias al entusiasmo de nuestros lectores; al apoyo de un grupo comprometido de donantes, grandes y pequeños; a la colaboración de nuestros numerosos socios en los medios de comunicación independientes y en las organizaciones eclesiásticas; a los libreros, que regalan a menudo los libros de Alpha Omega Publishing; a los bibliotecarios y, sobre todo, a nuestros autores. Los libros se pueden comprar en cantidad y/o ventas especiales contactando con la editorial:

Alpha Omega Publishing
P: 517-879-1286
E: info@omegapublishing.org
www.omegapublishing.org
Impreso en Estados Unidos

Hay tres personas que han hecho posible mi apostolado, las enseñanzas del obispo R.P. Paddock, el liderazgo del obispo Herman y la predicación del obispo David Lee Ellis.

-- **Obispo Combs, Míchigan**

Al leer y estudiar las primeras cinco páginas del libro, he aprendido que Dios había puesto en marcha cómo hemos de ser gobernados. El principio de "ser cabeza" y mandato se estableció en el Jardín. El marido es cabeza de la esposa, así como Cristo es cabeza de la iglesia.

-- **Janell, Míchigan**

Mis creencias de que Dios elige a los pastores fueron confirmadas. Lo primero que él o ella debe hacer es gobernar e instruir a la gente; haciéndolo desde la voz de Dios y vigilando cuidadosamente sus almas.

-- **Robert, Georgia**

Una cosa es leer las palabras en un pedazo de papel y otra es entender su significado en profundidad. He conocido desde siempre las enseñanzas de los obispos Paddock y Herman, porque he asistido a sus clases. Pero, hasta hoy no las había comprendido realmente y, al revisar este libro, mi entendimiento y revelación de lo que estaban enseñando cobró vida para mí.

--**Carol, Míchigan**

Después de haber sido salvada durante más de 30 años, es una bendición comprender las Escrituras en profundidad.

--**Regina, Míchigan**

Gracias por este libro. Este libro me ha retado a hacer un estudio exhaustivo de la palabra de Dios.

--**Brenda, AL**

Tabla de Contenido

Prefacio
vii

Reconocimiento
viii

Introducción
xi

1. La Iglesia
1

2. El Pastor
9

3. Miembros De La Iglesia
21

4. Autoridad De La Iglesia
33

5. Papel De Los Diáconos
37

6. Juicio En La Iglesia
41

7. Confesión Y Restauración
61

8. Diezmos y Ofrendas
79

Epílogo
105

Autor
107

Prefacio

Este libro está escrito para pastores que quieren servir a Dios incondicionalmente según la división correcta de las escrituras. Está escrito para aconsejar a los pastores y a los líderes de la iglesia sobre cómo gestionar eficazmente el rebaño del que el Espíritu Santo les ha hecho supervisores. Sed pastores de la Iglesia de Dios, que Él compró con su propia sangre. Proporciona a los pastores una plataforma y un proyecto para gobernar la iglesia de Dios. Es mi esperanza y oración que este libro te equipe y te de la fortaleza para cuidar el rebaño que Dios te ha confiado y para vigilarlo por voluntad propia, no de mala gana ni por lo que saques de ello, sino porque estás deseoso de servir a Dios. Por último, aunque no por ello menos importante, he escrito este libro para recordar a los pastores y a los ministros que no sirvan como señores de las personas asignadas a su cuidado sino liderando mediante el buen ejemplo. Después de haberlo hecho bien, cuando el Gran Pastor aparezca, recibirás una corona de gloria y honor.

Reconocimiento

Este libro está dedicado a la memoria del fallecido obispo Ross Perry Paddock, que trabajó con gran diligencia en su conjunto en el Consejo de Distrito del Norte, en las Asambleas Pentecostales del Mundo y en la Fraternidad Mundial De Cristianos Apostólicos. Sus enseñanzas serán recordadas durante mucho tiempo como los cimientos para la administración de muchas de nuestras iglesias de hoy en día. Su visión y revelación de la Palabra de Dios ha sido fuente de inspiración para numerosos pastores. El "Gobierno de la iglesia" fue un tema importante para el obispo Paddock y es mi privilegio formar parte de la continuación de este excepcional legado.

Quiero expresar el más sincero agradecimiento a mi esposa y, por la gracia de Dios, la ayuda voluntaria de la doctora "Jerry" en todas las fases de la elaboración del libro original. Sus habilidades de edición fueron un activo invaluable en la compilación de los contenidos de esta publicación, al revisar cada una de las páginas corrigiendo errores de ortografía comunes y garantizando el uso de la gramática correcta. Su asistencia en la compaginación y encuadernación de las páginas impresas en un solo libro fue muy apreciada. Ya que, sin su ayuda, el trabajo hubiera sido más difícil.

Por último, me gustaría agradecer a los muchos Ancianos del Distrito, Pastores, Ministros y Miembros locales de la Iglesia del Consejo del Distrito Norte, que me han apoyado asistiendo a los distintos seminarios impartidos en todo el estado de Míchigan. Agradezco también la cantidad de comentarios positivos como resultado del material presentado en estas conferencias. El conocimiento es algo potente; cuanto más sabemos y aprendemos, más competentes y útiles somos para las personas que enseñamos.

Introducción

Un gobierno es un sistema reglado por el que se dirige un grupo de personas para gestionar sus asuntos de manera organizada bajo la autoridad del liderazgo central. Una función del gobierno es proporcionar un sistema para que cooperen como una sola unidad en beneficio de la totalidad. Uno de los momentos más devastadores en la historia de Israel fue cuando cada hombre "hacía lo recto delante de sus ojos" *(Jueces 21:25)*. Cuando cualquier grupo o individuo actúa independientemente, sin alguna forma de norma unificadora, hablamos de anarquía y desemboca en caos. En ningún momento somos libres de hacer nuestra voluntad. Todos estamos bajo algún nivel de gobierno, ya sea en casa, una organización, el lugar de trabajo, nuestra comunidad, estado o país. Hay reglas que rigen nuestras conductas, libertades, responsabilidades, obligaciones y privilegios sin importar donde residimos.

INTRODUCCIÓN

En resumen, el gobierno es una forma de vida para todos nosotros. No hay modo de poder eludirlo. ¿Por qué es así? Simplemente porque Dios, que es el autor de toda autoridad, ha determinado que la creación se someta a las fuerzas gobernantes de Su voluntad y propósito. Desde el principio de los tiempos, Dios estableció un sistema reglado para Lucifer, que era el "querubín grande, protector", el Arcángel que gobernaba sobre los demás (*Ezequiel 28:11-19; Isaías 14:12-17*). En el Jardín del Edén, Dios estableció una sola norma para que Adán siguiera y, cuando fueron solo dos (Adán y Eva), Eva pasó a supeditarse a su marido, proporcionando así un sistema de gobierno para la unidad más pequeña de la sociedad, la familia.

El gobierno y la organización han sido siempre una prioridad para Dios y Su pueblo. Cuando los hijos de Jacob crecieron hasta convertirse en una nación, se dividieron en tribus. Cada tribu tenía un jefe y se organizaba en varios niveles de autoridad. Aunque actuaban independientemente, eran los primeros bajo la autoridad central de Moisés, después Josué y finalmente los Jueces que juzgaban al pueblo. En todos los casos, había dirigentes centrales y subdirigentes. De manera similar, la iglesia local es una entidad independiente bajo el liderazgo de un pastor y todas las iglesias locales combinadas están sujetas a su dirigente, el Príncipe de los pastores: Jesucristo. Cuando llegó el tiempo de los Reyes, con Saúl como primer rey de Israel, se estableció un gobierno político central. Bajo el rey David, los levitas estaban organizados en 24 cursos sujetos al Sumo Sacerdote en el servicio del templo.

Cuando Jesús nos liberó, no nos eximió de ser gobernados. Por el contrario, a través de sistemas ya establecidos, nos colocó bajo una regla más estricta que en el pasado. Empecemos con el tema de Gobierno de la Iglesia, el sistema de autoridad que rige a aquellos en el Cuerpo de Cristo.

Este estudio de Liderazgo Pastoral y de Gobierno de la Iglesia se divide en cuatro secciones, cada una igualmente importante:

1. Procedimientos reguladores: regentes y autoridad establecidos en la iglesia.
2. Juicio por violación de la ley de Dios, excomunión y medidas disciplinarias.
3. Confesión y restauración: el proceso de reconciliarse con Dios.
4. Apoyo financiero de la iglesia: diezmos y ofrendas.

Además, tengamos en cuenta cuáles son las funciones de la iglesia:

1. Es el lugar de salvación y reconciliación con Jesucristo.
2. Es una casa de pan, el lugar donde se alimentan las almas.
3. Es una escuela donde de educan las almas espiritualmente.
4. Es un tribunal donde los transgresores son juzgados y "rehabilitados".

~ 1 ~

La Iglesia

1. ¿Cuál es?
2. ¿De quién es?
3. ¿Cómo se estableció?
4. ¿Cuál es su autoridad?
5. ¿Quién es su jefe?

La iglesia es descrita por diferentes palabras descriptivas dependiendo de la relación particular que tiene con Cristo.

- Se la conoce como *EDIFICIO*; Jesucristo, los cimientos y el edificador *(Salmos 118:22, Mateo*

21:42, Acto 4:11).

- Se la conoce como *EL CUERPO DE CRISTO*; siendo Jesucristo la cabeza *(1 Corintios 12:27).*
- Se la conoce como *REBAÑO DE DIOS*; siendo Jesucristo el Príncipe de los pastores *(1 Pedro 5:2-4).*
- Se la conoce como la *NOVIA DE CRISTO*; siendo Jesucristo el novio *(Apocalipsis 21:9).*

Jesús dijo: "*tú eres Pedro, sobre esta piedra edificaré mi iglesia; y las puertas del infierno no prevalecerán contra ella*" (Mateo 16:18).

Los Cimientos

Cada edificio necesita unos cimientos si quiere sobrevivir la prueba que vendrá en su contra. La iglesia del Nuevo Testamento se funda sobre la *Revelación de Quién es Jesús.* Pedro acaba de declarar que Jesús era el Cristo (el Mesías), el Hijo del Dios Viviente *(Mateo 16:16-17)*, y fue esta "revelación" la base de la iglesia. No es un niño enviado por el padre, sino El mismo Elohim, el esperado Mesías, quien Isaías profetizó que vendría en Isaías 9:6. Este Cristo es Emmanuel, "Dios con nosotros" *(Mateo 1:23)*; el Creador invisible quien tomó el manto de carne desde el vientre de María. Solo Dios Todopoderoso sería lo suficiente fuerte y resistente como para colocar en Sión los fundamentos para Su iglesia. "*Por tanto, el Señor Jehová dice así: He aquí que yo fundo en Sión una piedra, piedra de fortaleza, de esquina, de precio, de cimiento estable: el que creyere, no se apresure.*" *(Isaías 28:16).* ¡Pedro NO es los Cimientos!

- Todos los cimientos o gobiernos del mundo vacilan o caen en decaimiento *(Salmos 82:5).*
- SU cimiento es en montes de santidad. *(Salmos 87:1).*
- Si fueren destruidos los cimientos, ¿Qué ha de hacer el justo? *(Salmos 11:3).*

Jesucristo no es solo la fundación, sino también la principal piedra angular.

Acercándoos a él, piedra viva, desechada ciertamente por los hombres, mas para Dios escogida y preciosa, vosotros también, como piedras vivas, sed edificados como casa espiritual y sacerdocio santo, para ofrecer sacrificios espirituales aceptables a Dios por medio de Jesucristo. Por lo cual también contiene la Escritura: He aquí, pongo en Sion la principal piedra del ángulo, escogida, preciosa; y el que creyere en él, no será avergonzado. Para vosotros, pues, los que creéis, él es precioso; pero para los que no creen, La piedra que los edificadores desecharon, ha venido a ser la cabeza del ángulo (1 Pedro 2:4-6).

Más adelante, el Apóstol Pablo dice, "*Edificados sobre el fundamento de los apóstoles y profetas, siendo la principal piedra del ángulo Jesucristo mismo.*" (Efesios 2:20).

Jesús tenía un grupo de 12 hombres a quienes entrenó y enseñó Su doctrina, además de los profetas del Antiguo Testamento que hablaban del Mesías (el Cristo). Envió a los apóstoles al mundo para predicar a Cristo y Él crucificado como fundamento de la iglesia.

"Porque nadie puede poner otro fundamento que el que está puesto, el cual es Jesucristo" (1 Corintios 3:11).

¿Quién Construye Esta Iglesia?

Observa de nuevo que Jesús dijo: "*Yo también te digo que tú eres Pedro, y sobre esta roca edificaré mi iglesia; y las puertas del Hades no prevalecerán contra ella*" (Mateo 16:18). La Iglesia pertenece a Cristo. No tenemos ningún derecho de propiedad en absoluto. Él pagó por ello con Su sangre. *"Por tanto mirad por vosotros y por todo el rebaño en que el Espíritu Santo os ha puesto por obispos, para apacentar la iglesia del Señor, la cual GANÓ POR SU SANGRE." (Hechos 20:28)*. Cristo ha llamado a algunos colaboradores para trabajar con él en este edificio, la IGLESIA.

> *Porque nosotros somos colaboradores de Dios, y vosotros sois labranza de Dios, edificio de Dios. Conforme a la gracia de Dios que me ha sido dada, yo como perito arquitecto puse el fundamento, y otro edifica encima; pero cada uno mire cómo sobreedifica. Porque nadie puede poner otro fundamento que el que está puesto, el cual es Jesucristo. Y si sobre este fundamento alguno edificare oro, plata, piedras preciosas, madera, heno, hojarasca la obra de cada uno se hará manifiesta; porque el día la declarará, pues por el fuego será revelada; y la obra de cada uno cuál sea, el fuego la probará. Si permaneciere la obra de alguno que sobreedificó, recibirá recompensa. Si la obra de alguno se quemare, él sufrirá pérdida, si bien él mismo será salvo, aunque así como por fuego. (1 Corintios 3:9-15).*

"Así, pues, nosotros, como colaboradores suyos, os exhortamos también a que no recibáis en vano la gracia de Dios" (2 Corintios 6:1). A nosotros, el ministerio, se nos ha encargado trabajar en la construcción de una casa espiritual y una santa morada en la que Él ha elegido vivir. *"En quien todo el edificio, bien coordinado, va creciendo para ser un templo santo en el Señor; en quien vosotros también sois* mundo para predicar a Cristo y Él crucificado como fundamento de la iglesia. *"Porque nadie puede poner otro fundamento que el que está puesto, el cual es Jesucristo"* (1 Corintios 3:11).

¿Quién Construye Esta Iglesia?

Observa de nuevo que Jesús dijo: "*Yo también te digo que tú eres Pedro, y sobre esta roca edificaré mi iglesia; y las puertas del Hades no prevalecerán contra ella*" (Mateo 16:18). La Iglesia pertenece a Cristo. No tenemos ningún derecho de propiedad en absoluto. Él pagó por ello con Su sangre. *"Por tanto mirad por vosotros y por todo el rebaño en que el Espíritu Santo os ha puesto por obispos, para apacentar la iglesia del Señor, la cual GANÓ POR SU SANGRE."* (Hechos 20:28). Cristo ha llamado a algunos colaboradores para trabajar con él en este edificio, la IGLESIA.

Porque nosotros somos colaboradores de Dios, y vosotros sois labranza de Dios, edificio de Dios. Conforme a la gracia de Dios que me ha sido dada, yo como perito arquitecto puse el fundamento, y otro edifica encima; pero cada uno mire cómo sobreedifica. Porque nadie puede poner otro fundamento que el que está puesto, el cual es Jesucristo. Y si sobre este fundamento alguno edificare oro, plata, piedras preciosas, madera, heno, hojarasca la obra de cada uno se hará manifiesta; porque el día la declarará, pues por el fuego será revelada; y la obra de cada uno cuál sea, el fuego la probará. Si permaneciere la obra de alguno que sobreedificó, recibirá recompensa. Si la obra de alguno se quemare, él sufrirá pérdida, si bien él mismo será salvo, aunque así como por fuego. (1 Corintios 3:9-15).

"*Así, pues, nosotros, como colaboradores suyos, os exhortamos también a que no recibáis en vano la gracia de Dios*" (2 Corintios 6:1). A nosotros, el ministerio, se nos ha encargado trabajar en la construcción de una casa espiritual y una santa morada en la que Él ha elegido vivir. "*En quien todo el edificio, bien coordinado, va creciendo para ser un templo santo en el Señor; en quien vosotros también sois juntamente edificados para morada de Dios en el Espíritu*" (Efesios 2:21-22).

Zacarías habla de Jesús como el RENUEVO,

Y háblale, diciendo: "Así dice el SEÑOR de los ejércitos: «He aquí un hombre cuyo nombre es Renuevo, porque El brotará del lugar donde está y reedificará el templo del SEÑOR: Sí, El reedificará el templo del SEÑOR, y El llevará gloria y se sentará y gobernará en su trono. Será sacerdote sobre su trono y habrá consejo de paz entre los dos oficios.» La corona será para Helem, Tobías, Jedaías y Hen, hijo de Sofonías, como recuerdo en el templo del SEÑOR. Y los que están lejos vendrán y reedificarán el templo del SEÑOR. Entonces sabréis que el

SEÑOR de los ejércitos me ha enviado a vosotros. Y será esto, si oyereis obedientes la voz de Jehová vuestro Dios. (Zacarías 6:12-15).

Las escrituras revelan que Jesucristo, el hijo de David, no es solo EL RENUEVO, sino el Mesías también *(Isaías 11:1; Jeremías 23:5; 33:15 Jeremías-16; Zacarías 3:8).* Observa, que mientras que el RENUEVO es el constructor, tiene ayuda de los que están "lejos", lo que sería el comienzo de Ministerio del Nuevo Testamento con los apóstoles hasta nuestros ministros de hoy en día.

Cristo es La Cabeza Del Cuerpo

El principio de "ser cabeza" y mandato se estableció en el Jardín. El deseo de Eva debía ser para su marido, "...y él se enseñoreará de ti"*(Génesis 3:16).* El marido es cabeza de la mujer, así como Cristo es cabeza de la iglesia *(Efesios 5:23-24).*

- *"Y sometió todas las cosas bajo sus pies, y lo dio por cabeza sobre todas las cosas a la iglesia, la cual es su cuerpo, la plenitud de Aquel que todo lo llena en todo." (Efesios 1:22-23).*

- *"Y él es la cabeza del cuerpo que es la iglesia, él que es el principio, el primogénito de entre los muertos, para que en todo tenga la preeminencia" (Colosenses 1:18).*

- *"Y no asiéndose de la Cabeza, en virtud de quien todo el cuerpo, nutriéndose y uniéndose por las coyunturas y ligamentos, crece con el crecimiento que da Dios" (Colosenses 2:19).*

~ 2 ~

El Pastor

El papel del pastor es mantener el orden y la paz apropiados en la iglesia. Debe haber UNA cabeza y UNA fuente de autoridad. Puesto que Cristo es la cabeza de la iglesia, Él tiene el derecho a elegir y enviar a aquellos que le ayuden en el proceso de gobierno y construcción. Como solo hay una cabeza de la iglesia: Jesucristo; del mismo modo, solo puede haber un jefe de la iglesia local: el pastor. La idea de los co-pastores, donde todos tienen la misma autoridad, es confusa. El pastor puede elegir a uno o más ayudantes, pero es el pastor <u>quien</u> tiene la autoridad.

¿Quién elige al pastor de la iglesia local? ¿Los Diáconos, el

Obispo, la organización de la iglesia o los miembros de la iglesia? Dado que la iglesia pertenece a Dios, entonces es lógico que Dios seleccione al líder, al superintendente o al pastor. *"Y os daré pastores según mi corazón, que os apacienten con ciencia y con inteligencia" (Jeremías 3:15).* Aquí vemos que es Dios quien le dará a los pastores la responsabilidad de alimentar a la gente con conocimiento y comprensión. La persona (hombre o mujer) a liderar o ser pastor subalterno de Su iglesia, debe ser elegida por el Príncipe de los pastores. **Cada iglesia debe contar con algo en los estatutos que rija la selección del pastor,** teniendo en cuenta que es el deseo de la iglesia conocer la mente de Dios y seguir la voluntad de Su Espíritu. Hay varias vías a seguir y sugerencias con pruebas para determinar la voluntad de Dios, que han de acompañarse de oración y ayuno. El Obispo, el Obispo Sufragáneo, los Ancianos del Distrito y la Junta de Diáconos de una iglesia local pueden tener sugerencias de candidatos a considerar. Sin embargo, cuando se haya acordado una lista de candidatos, se presentarán a los miembros de la iglesia para una votación. *"La suerte se echa en el regazo; mas de Jehová es la decisión de ella"* (Proverbios 16:33). En definitiva, los miembros votan según su deseo, pero el Señor es el Espíritu que hace la elección. Elegir a un pastor por su popularidad, carisma, género o cualquier motivo que no sea la voluntad de Dios, es un desastre.

Los siervos de Dios tienen cuatro títulos principales, todos relacionados, aunque funcionalmente diferentes entre sí:

1. **PASTOR.** Este es el alimentador *(Jeremías 3:15).*

2. **GUÍA.** El cuidador y líder del rebaño *(Ezequiel 34:2-10)*.
3. **VIGILANTE.** El protector y guardián del alma *(Hebreos 13:17)*.
4. **SUPERVISOR.** Este es el que gobierna o rige *(Mateo 24:45; Hechos 20:28)*.

El rol del pastor incluye las siguientes funciones adicionales:

- Instructor, Profesor, Asesor
- Consejero
- Consolador, consuela a los que sufren
- Líder
- Ejemplo
- Juez, Disciplinario, Corrector
- Protector
- Mejor amigo, un ayudante en tiempo de problemas.
- Mediador

PASTOR

Alimentador. Las siguientes referencias de las Escrituras describen el papel del pastor como:

- o Pedro amonesta a los pastores para "apacentar la grey de Dios" *(1 Pedro 5:2-4)*.
- o Dios da los pastores para "apacentar de ciencia y de inteligencia" *(Jeremías 3:15)*.
- o Porque los labios de los sacerdotes han de guardar la sabiduría, y de Su boca buscarán

la ley *(Malaquías 2:7).*

- o Mi pueblo fue destruido, porque le faltó conocimiento [el pastor fracasó en sus enseñanzas] (Oseas 4:6).
- o Esdras preparó su corazón para buscar la ley, para hacer y enseñar (Esdras 7:10).
- o El maestro leía claramente de modo que entendiesen la lectura *(Nehemías 8:8).*
- o Un siervo (pastor) debe ser apto para enseñar *(2 Timoteo 2:24).*

Guía. Los santos son el rebaño de Dios y se les conoce en el Antiguo y Nuevo Testamento como "OVEJAS". ¡El Pastor es el cuidador de las ovejas porque no pueden cuidar de sí mismas! Necesitan a alguien llamado PASTOR para vigilar y cuidar de ellas. Dios, el PRÍNCIPE DE LOS PASTORES, ha proporcionado a su rebaño un PASTOR SUBALTERNO o guía, que cuida y provee para el rebaño. Como ovejas, los santos son dependientes del pastor subalterno para su supervivencia. Ten en cuenta las siguientes Escrituras

- o Jesús amonesta a Pedro para que "apaciente Sus ovejas". Sé su pastor (Juan 21:16).
- o Dios establecería a los pastores sobre sus rebaños *(Jeremías 23:4).*
- o Los Santos son las ovejas de Su pasto *(Salmos 100:3).*
- o Mirad por el Rebaño de Dios - el Espíritu

Santo os ha puesto por obispos *(Hechos 20:28)*.

- o Apacentad la GREY de Dios y no os aprovechéis de ellos *(1 Pedro 5:2-4)*.
- o El pastor ha de atender el rebaño, sin pastor el rebaño se dispersará *(Ezequiel 34:2-12)*.
- o Las ovejas sufren porque no tienen pastor *(Zacarías* 10:2).
- o Todas las ovejas de Dios son preciosas *(Mateo* 18:12-14).

Vigilante. El vigilante o atalaya es el protector del pueblo de Dios.

- o Dios hizo del pastor la atalaya de la muralla *(Ezequiel 3:17-21)*.
- o Preguntad por las sendas ANTIGUAS, la gente a de escuchar las atalayas *(Jeremías 6:16-17)*.
- o Obedeced a vuestros pastores, y sujetaos a ellos; porque ellos velan por vuestras almas *(Hebreos 13:17)*.

Supervisor. Por tanto, mirad por vosotros, y por todo el rebaño en que el Espíritu Santo os ha puesto por OBISPOS *(Hechos 20:28)*. El supervisor es aquel que es responsable de ti ante Dios.

Roles Adicionales

Instructor. Hay ocasiones en las que el pastor está llamado a servir como asesor o instructor. Ser un instructor o asesor es uno de los deberes más ingratos que el pastor tiene que realizar. Instruir a aquellos que son rebeldes u obstinados puede ser, y a menudo es, frustrante. La naturaleza humana se rebela contra cualquier asesoramiento que es contrario a su voluntad. Si uno no está dispuesto a ser instruido en las cosas pequeñas, el diablo sin duda se aprovecha de esa alma y engaña a la persona para su propia destrucción. Si esto sucede con los pequeños problemas, ¿cómo de grande será el peligro cuando surjan situaciones más críticas? El pastor debe desarrollar una actitud de humildad, mansedumbre y comprensión, pero ser firme en sus instrucciones. La instrucción pastoral no está concebida para ganar control sobre un individuo o para mostrar superioridad, sino que se da para el mejor interés del alma del individuo. Aquellos que rechazan el consejo muchas veces utilizan el tema del control como excusa para rechazar la instrucción.

1. Que con mansedumbre corrija a los que se oponen, por si quizá Dios les conceda que se arrepientan para conocer la verdad *(2 Timoteo 2:24-26)*.
2. El consejo de Pablo a Timoteo fue reprender y exhortar con toda paciencia *(2 Timoteo 4:2-4)*.
3. Reconoced a los que trabajan entre vosotros, y os presiden en el Señor, y os amonestan Y que los tengáis en mucha estima y amor por causa de su obra *(1 Tesalonicenses 5:12-13)*.
4. La gente recibió la palabra no como palabra de hombres, sino según es en verdad, la palabra de Dios *(1 Tesalonicenses 2:13)*.
5. Pablo dijo "Antes fuimos tiernos entre vosotros, como la nodriza que cuida con ternura a sus propios hijos" *(1 Tesalonicenses 2:7-*

8).

El pastor debe ser EJEMPLO del creyente *(1 Timoteo 4:12)* y animar al pueblo a seguir a Cristo como el pastor sigue a Cristo *(1 Corintios 11:1)*. Los pastores han de tratar de agradar a Dios y hacer Su voluntad y no han de dejarse intimidar por la congregación cediendo a sus demandas *(Gálatas 1:10)*. El pastor debe ser una persona PERCEPTIVA, poseedor del espíritu de discernimiento, por lo que el vigilante puede detectar los espíritus inmundos y sucios que intentan invadir la congregación. Ten en cuenta las siguientes escrituras: *1 Juan 4:1; 1 Corintios 12:10; Tito 1:9-11.*

Dios responsabiliza al pastor del bienestar del rebaño ya que debe dar cuenta a Dios de cada alma bajo su cuidado. El pueblo tiene la responsabilidad de escuchar y obedecer al Mensajero de Dios para ser salvado.

1. Obedeced al vigilante porque debe dar cuenta a Dios *(Hebreos 13:17)*.
2. El ministerio es el ángel del Señor, Obedece su voz *(Éxodo 23:20-22)*.

El ministerio responsable en la iglesia se conoce como "Ángel de la Iglesia" *(Apocalipsis 21-3:22)*.

Ayuda. A medida que la iglesia crece, se hace necesario que se provean ayudantes para que el pastor lleve a cabo el trabajo. Los ayudantes están siempre bajo la autoridad del pastor y llevan a cabo la tarea asignada por el pastor. En el Antiguo Testamento, Dios se dio cuenta de que Aarón no podría llevar a cabo todas las responsabilidades del

Sacerdocio, por lo que le entregó a los levitas y a sus hijos como "regalo" para ayudarlo en la obra del sacerdocio.

Y yo he dado en don los levitas a Aarón y a sus hijos de entre los hijos de Israel, para que ejerzan el apostolado de los hijos de Israel en el tabernáculo de reunión, y reconcilien a los hijos de Israel; para que no haya plaga en los hijos de Israel, al acercarse los hijos de Israel al santuario. (Números 8:19; Números 18:6).

Personal Ministerial de Dios

Dios ha provisto un personal ministerial para establecer Su Iglesia y para cumplir la obra del ministerio en la iglesia. Se trata de los apóstoles, profetas, evangelistas, pastores y maestros.

1. *Y él mismo constituyó a unos, apóstoles; a otros, profetas; a otros, evangelistas; a otros, pastores y maestros, a fin de perfeccionar a los santos para la obra del ministerio, para la edificación del cuerpo de Cristo, hasta que todos lleguemos a la unidad de la fe y del conocimiento del Hijo de Dios, a un varón perfecto, a la medida de la estatura de la plenitud de Cristo" (Efesios 4:11-13).*

2. *"Y a unos puso Dios en la iglesia, primeramente apóstoles, luego profetas, lo tercero maestros, luego los que hacen milagros, después los que sanan, los que ayudan, los que administran, los que tienen don de lenguas" (1 Corintios 12:28).*

Apóstoles. Los primeros Apóstoles consistieron en 12 hombres elegidos por Jesús y fueron los primeros miembros del personal de la Iglesia del

Nuevo Testamento. Jesús personalmente instruyó a estos primeros Apóstoles en las enseñanzas conocidas como la "Doctrina de los Apóstoles". Nuestra "Fe" se conoce como la "Doctrina de los Apóstoles". Esto no significa que los Apóstoles la originaran, sino que ellos fueron comisionados por Jesucristo para establecerla en todo el mundo para todos los pueblos. Solo Jesús es el Autor y Consumador de nuestra fe *(Hebreos 12:2)*. Los apóstoles solo llevaron a cabo lo que habían recibido de Él y debían de pasárnoslo (2 *Timoteo* 2:2). Además, eran hombres que tenían un contacto íntimo con el ministerio de Jesús y eran testigos de primera mano de todo lo que Jesús dijo e hizo durante los tres años o más de Su ministerio. Una cualificación de un apóstol era que el individuo tenía que haber visto y estado con Jesús. Pablo, un nombramiento tardío, testifica que él era "como el que nace fuera de tiempo", pero él también había visto a Cristo en los desiertos de Arabia y fue instruido por Él. Este cargo no existe en el ministerio actual, aunque algunos pueden llamarse a sí mismos apóstoles, lo que solo expresa una posición de supervisión *(1 Corintios 15:8)*. Las Asambleas Pentecostales del Mundo prohíben a cualquiera de sus ministros (es decir, Obispos, Obispos Sufragáneos, Ancianos de Distrito o Ancianos) asumir el título de apóstol. Los apóstoles escribieron la historia de la vida de Jesús y Sus enseñanzas. Establecieron la doctrina de la iglesia para sus tiempos y para el nuestro. Los escritos de los Apóstoles fueron los resultados de la unción inspirada del Espíritu Santo que formaron las Escrituras del Nuevo Testamento. Puesto que nadie tiene la autoridad para predicar o para establecer otra doctrina o enseñanza que no sea la que ya está establecida por los escritos de los Apóstoles. Pablo declara, *"Mas si aun nosotros, o un ángel del cielo, os anunciare otro evangelio diferente del que os hemos anunciado, sea anatema" (Gálatas 1:8)*. Hoy en día no hay escritores de escrituras.

Profetas. No se debe pensar que el oficio de profeta es predecir de alguna manera el futuro. Los profetas del Antiguo Testamento hablaban cuando Dios los ungía para hablar de las cosas futuras sobre el Mesías y el Reino venideros, así como para juzgar las condiciones actuales de su época. No tenemos a ningún Isaías, Jeremías o Daniel sirviendo hoy en día. ¿Quiénes son, entonces, los profetas del ministerio del Nuevo Testamento? Este oficio se refiere al ministerio de la predicación, aquellos que llevan las buenas nuevas del Evangelio. En otras palabras, los profetas del Nuevo Testamento son aquellos que no son pastores, pero han sido llamados por Dios para predicar su palabra, la palabra ya escrita para nuestro uso.

Muchos se consideran a sí mismos profetas porque hablan de lo que ha de venir, "con quién casarse" o de alguna llamada especial para una persona, la cual rara vez es verdad y solo causa confusión. Dicen, "Dios me lo ha dicho y por tanto…" cuando en realidad es el espíritu de engaño en su corazón. Aquí tienes algunas escrituras adicionales: *Jeremías 14:14; 23:21-26; Deuteronomio 13:1-4; Ezequiel 13:3.*

Evangelista. El oficio del evangelista es llevar el mensaje del Evangelio a las personas que no han oído hablar del Señor Jesucristo. Su papel es fundamental porque sin ellos muchos no oirían el mensaje de salvación. Felipe es EL ejemplo de evangelista en el Libro de los Hechos, ya que se le llama "El evangelista" (*Hechos 21:8*). La mayoría de los predicadores que vienen a nuestras iglesias para celebrar la renovación de la fe y que llamamos evangelistas, no son en realidad verdaderos evangelistas, sino predicadores que están celebrando reuniones con nosotros. Si en la congregación hay personas no redimidas, la responsabilidad del evangelista es predicar el Evangelio y no es poner los puntos sobre las íes en dicha iglesia. Esta es la responsabilidad del pastor. Un verdadero evangelista irá a donde nadie más ha ido para buscar conversos para el Reino de Dios. Cuando pueden ayudar a salvar a alguien, entonces el pastor es el que alimentará e instruirá el alma.

Pastores y maestros. El oficio del pastor se definió previamente como alimentador, pastor subalterno, vigilante y supervisor. Es una función combinada del rol del pastor. El pastor debe ser "apto para enseñar" y para hacer la obra de evangelista (*1 Timoteo 3:2; 2 Timoteo 4:5*). El maestro no es un ministerio separado en la Iglesia, sino que es parte del deber del pastor. Toda la responsabilidad de la enseñanza pertenece a la función pastoral. El pastor puede tener un equipo que le ayude, como maestros de la escuela dominical, maestros para mujeres y jóvenes y otras funciones de enseñanza especialmente asignadas, pero, en realidad, el pastor es el responsable de lo que se enseña en la iglesia local. Aquellos que son llamados al servicio del pastor para ministrar en la iglesia del pastor local no pueden confiar en su talento, sino que deben estar bajo la dirección del Espíritu Santo y entregar el mensaje que Dios ha deseado comunicar a Su pueblo. En otras palabras, el ministro no elige el mensaje, sino que debe esperar hasta que Dios se lo dé porque el ministro es el vínculo de comunicación de Dios con Su pueblo.

- *No que seamos competentes por nosotros mismos para pensar algo como de nosotros mismos, sino que nuestra competencia proviene de Dios, el cual asimismo nos hizo ministros competentes de un nuevo pacto, no de la letra, sino del espíritu; porque la letra mata, mas el espíritu vivifica (2 Corintios 3:5-6).*

- *Si alguno habla, hable conforme á las palabras de Dios; si alguno ministra, ministre conforme á la virtud que Dios suministra: para que en todas cosas sea Dios glorificado por Jesucristo, al cual es gloria é imperio para siempre jamás. Amen (1 Pedro: 4:11).*

- *Porque los labios del sacerdote han de guardar la sabiduría, y de su boca el pueblo buscará la ley; porque mensajero es de Jehová de los ejércitos (Malaquías 2:7).*

~ 3 ~

Miembros De La Iglesia

"Respondió Jesús: De cierto, de cierto te digo, que el que no naciere de agua y del Espíritu, no puede entrar al reino de los Dios" (Juan 3:5).
¿Cómo hacerse miembro de la iglesia de Dios? Uno no se convierte en miembro de la Grey de Dios simplemente por asistir a la iglesia. Hay que nacer dentro de la iglesia *(Juan 3:3-5)*. Jesús dio instrucciones claras de cómo convertirse en miembro del Cuerpo de Cristo. La enseñanza del Apóstol Pablo es muy clara sobre no solo la necesidad de nacer de nuevo, sino que indica que sin el Espíritu Santo no se puede

ser parte del cuerpo o familia de Dios. La única herramienta que tiene el ministerio es el Evangelio de Jesucristo. Predicar el Evangelio se convierte en la divina trama para alcanzar a cualquiera que responda y crea en el Evangelio.

Ten en cuenta que las siguientes escrituras verifican la necesidad de la experiencia del Nuevo Nacimiento, del bautismo en agua y de estar lleno del Espíritu Santo, sin el cual no se puede reclamar una relación con Dios:

- *Respondió Jesús y le dijo: De cierto, de cierto te digo, que el que no naciere de nuevo, no puede ver el reino de Dios. Nicodemo le dijo: ¿Cómo puede un hombre nacer siendo viejo? ¿Puede acaso entrar por segunda vez en el vientre de su madre, y nacer? Respondió Jesús: De cierto, de cierto te digo, que el que no naciere de agua y del Espíritu, no puede entrar al reino de los Dios (Juan 3:5).*

- *Mas vosotros no vivís según la carne, sino según el Espíritu, si es que el Espíritu de Dios mora en vosotros. Y si alguno no tiene el Espíritu de Cristo, no es de él Y si alguno no tiene el Espíritu de Cristo, no es de él (Romanos 8:9).*

- *Pero el fundamento de Dios está firme, teniendo este sello: Conoce el Señor a los que son suyos; Y apártese de iniquidad todo aquel que invoca el nombre de Cristo (2 Timoteo 2:19).*

- *Y de Sion se dirá: Éste y aquél han nacido en ella, Y el Altísimo mismo la establecerá. Jehová contará al inscribir a los pueblos: Éste nació allí. Selah (Salmos 87:5-6).*

Hay quienes se niegan a cumplir con el programa de Dios, pero funcionan y trabajar bajo la creencia de que están en el Reino de Dios. Su labor es en vano porque Dios nunca los conoció como parte de su familia (Nuevo Nacimiento) y, al final, serán echados al abismo de la destrucción.

No todo el que me dice: Señor, Señor, entrará en el reino de los cielos, sino el que hace la voluntad de mi Padre que está en los cielos. Muchos me dirán en aquel día: Señor, Señor, ¿no profetizamos en tu nombre, y en tu nombre echamos fuera demonios, y en tu nombre hicimos muchos milagros? Y entonces les declararé: Nunca os conocí; apartaos de mí, hacedores de maldad (Mateo 7:21-23).

La llamada del Evangelio de Dios es "todo aquel que quiera, que venga". De los llamados, no todos responderán con un corazón creyente. ¿No es extraño que en algunas familias grandes solamente uno o dos sean elegidos para salvarse? Por otro lado, hay familias muy grandes donde todos sus miembros están en la iglesia. Depende de cada RESPUESTA INDIVIDUAL. Cada alma es separada y distinta y debe responder de ella misma ante Dios. Todas las almas individualmente deben tomar una decisión para salvarse y caminar con Dios. Entonces, ¿cómo edifica Dios Su iglesia? De alma en alma. *"Y el Señor añadía cada día a la iglesia los que habían de ser salvos." (Hechos 2:47).*

"Dios hace habitar en familia a los desamparados; saca a los cautivos a prosperidad; mas los rebeldes habitan en tierra seca" (Salmos 68:6). Ten en cuenta que aquellos que se rebelan o se niegan a

creer en el Evangelio o a escuchar al Pastor moran en una tierra seca. No hay instrucción, alegría, paz, esperanza ni vida en la tierra seca. Como resultado de ello su alma se seca y se destruye. Más adelante, las escrituras indican, *"Levanta de la miseria al pobre y hace multiplicar las familias como rebaños de ovejas." (Salmos 107:41).* Ten en cuenta que Dios llama a personas individuales, los solitarios, que fueron atados con cadenas. Una sola oveja dejada por sí misma pronto sería devorada por el depredador o lobo, así que, por seguridad, las ovejas se colocan con otras ovejas para formar una familia. Las establece o coloca en familias (la iglesia local) y, entonces, agrupa estas familias en un rebaño. Piensa en muchas ovejas individuales que son llamadas y colocadas juntas en una familia (la iglesia local).

Una vez que la familia se ha establecido, Dios recoge otras ovejas solitarias y las trae a la iglesia local. El Príncipe de los pastores proporciona a esta familia un pastor o pastor subalterno para alimentarles, enseñarles y protegerles de los lobos que roban y matan las ovejas. Todas las iglesias locales que son una familia se reúnen para hacer el REBAÑO de Dios. En otras palabras, todas las asambleas locales de todo el mundo (la iglesia de Dios es una iglesia mundial formada por todas las naciones, lenguas y pueblos) conforman el CUERPO DE CRISTO y se llaman el REBAÑO de Dios. *"Y os daré pastores según mi corazón, que os apacienten con ciencia y con inteligencia" (Jeremías 3:15).*

Autoridad Gobernante en la Iglesia

Los pastores gobiernan las iglesias locales. *"¿Quién es, pues, el siervo* *fiel y prudente, al cual <u>puso</u> su señor sobre su casa para que les dé el alimento a tiempo? Bienaventurado aquel siervo al cual, cuando su señor venga, le halle haciendo así" (Mateo 24:45-46).* Como se señala en la Escritura anterior, Dios ha puesto al SIERVO fiel y prudente (el pastor) como regente o gobernador de Su casa. Para que la iglesia crezca, prospere, sea bendecida y fructífera, el pastor debe ser <u>escogido por Dios</u> y no elegido a través de NUESTROS sistemas políticos. El Pastor es la cabeza y una voz líder de la iglesia local. Es más, el pastor es el supervisor designado por Dios y sirve como centinela, regente, alimentador y es el pastor subalterno. Mientras que los diáconos y las otras ramas del ministerio sirven como ayudantes (ordenados o no) y no tienen autoridad pastoral. Los departamentos auxiliares no son entidades independientes de la Iglesia, sino que están bajo la supervisión del pastor.

El **PASTOR** es el **ÚNICO** con la responsabilidad de gobernar y quien ha de rendir cuentas ante la iglesia y sus miembros. Los diáconos en la iglesia no son "contadores de dinero", sino que son ayudantes del pastor para llevar a cabo la política de la iglesia, indicada por el pastor. Ellos le ayudarán en la administración de la iglesia. El pastor es el líder y tiene la visión y toda autoridad emana de la posición. El pastor debe ser un líder fuerte para mantener la verdadera Doctrina Apostólica y las normas de santidad en la iglesia. El pastor debe ser capaz de resistir los esfuerzos de algunas facciones para que no controlen o usurpen la autoridad pastoral.

Dios no trata con ninguna otra posición en la iglesia del mismo

MIEMBROS DE LA IGLESIA

modo en el que trata con el pastor. No queremos dar a entender que el pastor tiene el mismo rango que Moisés, pero vemos que Dios trata con el líder de la iglesia local de manera diferente a los demás. Por favor, revisa las escrituras donde Miriam y Aarón desafiaron a Moisés diciendo: "¿Solamente por Moisés ha hablado Jehová? ¿No ha hablado también por nosotros? (v. 2)" Entonces, Dios responde en los versículos 6-8,

> *Y él les dijo: Oíd ahora mis palabras. Cuando haya entre vosotros profeta de Jehová, le apareceré en visión, en sueños hablaré con él. No así a mi siervo Moisés, que es fiel en toda mi casa. Cara a cara hablaré con él, y claramente, y no por figuras; y verá la apariencia de Jehová. ¿Por qué, pues, no tuvisteis temor de hablar contra mi siervo Moisés? (Números 12:1-8)?*

En la era actual, Dios no habla a los pastores cara a cara, sino que les habla por Su Espíritu de manera distinta a los demás miembros de la iglesia. Otros pueden comunicarse con Dios y sentir la presencia de Su Espíritu, pero Dios revela Su voluntad y propósito al pastor.

Si alguien no puede someterse al pastor que Dios ha proporcionado, entonces su alma está en grave peligro. Además, quien no se someta al pastor no puede ocupar ningún puesto en la iglesia, ni ser un líder de la herencia de Dios. Cuando alguien se niega a escuchar al pastor de una iglesia local es como si se elevara por encima de la autoridad de la iglesia. ¡Esto es PECADO! La rebelión contra la autoridad de la iglesia ha ocurrido en el Antiguo Testamento y todavía existe a día de hoy. Cuando Coré y aquellos a quienes había influenciado con su comportamiento se rebelaron contra Moisés, hubo un resultado final devastador (*Números* 16:3-10; 2 Pedro 2:10). Al tratar con la situación de rebelión, el pastor debe hacer todo en su poder para ayudar a aquellos que se oponen al liderazgo pastoral y a la autoridad de la iglesia, con sufrimiento y mansedumbre. Las escrituras dicen,

> *Porque el siervo del Señor no debe ser contencioso, sino amable para con todos, apto para enseñar, sufrido; que con mansedumbre corrija a los que se oponen, por si quizá Dios les conceda que se arrepientan para conocer la verdad, y escapen del lazo del diablo, en que están cautivos a voluntad de él (2 Timoteo 2:24-26).*

El Espíritu Santo hace supervisor al pastor y uno de los principales deberes pastorales es alimentar al rebaño de Dios. El pastor entonces es el regente o gobernador de aquellas personas que Dios ha enviado a la iglesia local. Están bajo su autoridad y deben someterse a él. Sin embargo, el pastor no es un dictador ni abusa de las ovejas, sino que debe ser gentil, cariñoso y amable, mientras que al mismo tiempo es firme.

> *Ruego a los ancianos que están entre vosotros, yo anciano también con ellos, y testigo de los padecimientos de Cristo, que soy también participante de la gloria que será revelada: Apacentad la grey de Dios que está entre vosotros, cuidando de ella, <u>no por fuerza, sino</u> voluntariamente; no por ganancia deshonesta, sino con ánimo pronto; <u>no como teniendo señorío sobre los que están a vuestro cuidado</u>, sino siendo ejemplos de*

MIEMBROS DE LA IGLESIA

la grey (1 Pedro 5:1-3).

Ten en cuenta las siguientes referencias de las escrituras:

- Por tanto, mirad por vosotros, y por todo el rebaño en que el Espíritu Santo os ha puesto por obispos *(Hechos 20:28).*
- Apacentad la grey de Dios, teniendo cuidado de ella pero sin tener señorío sobre las heredades del Señor *(1 Pedro 5:1-3).*
- Jesús es el Príncipe de los pastores y el pastor es designado pastor subalterno *(1 Pedro 5:4).*
- Palabras de los sabios por "maestros de asambleas" *(Eclesiastés 12:11).*
- El pastor LIDERA, el rebaño ha de seguir igual que el líder sigue a Cristo *(1 Corintios 11:1).*

Cualificaciones de los Pastores

Palabra fiel: Si alguno anhela obispado, buena obra desea. Pero es necesario que el obispo sea irreprensible, marido de una sola mujer, sobrio, prudente, decoroso, hospedador, apto para enseñar; no dado al vino, no pendenciero, no codicioso de ganancias deshonestas, sino amable, apacible, no avaro; que gobierne bien su casa, que tenga a sus hijos en sujeción con toda honestidad (pues el que no sabe gobernar su propia casa, ¿cómo cuidará de la iglesia de Dios?); no un neófito, no sea que envaneciéndose caiga en la condenación del diablo. También es necesario que tenga buen testimonio de los de afuera, para que no caiga en descrédito y en lazo del diablo (1 Timoteo 3:1-7; Tito 1:5-11).

LIDERAZGO PASTORAL Y GOBIERNO DE LA IGLESIA

El término "OBISPO" utilizado en estos versículos es sinónimo del término Supervisor y se refiere a un pastor. El uso actual del término OBISPO se utiliza en el sentido eclesiástico como el supervisor de una diócesis o de un grupo de iglesias locales. La persona que aspira al oficio de Pastor debe ser uno que es irreprensible, experimentado y tiene conocimiento de la doctrina, ha de tener a su familia bajo control e informes positivos dentro y fuera de la iglesia y ha de ser capaz de ministrar eficazmente.

El Pastor con el ministerio es esencial para cada miembro en el Cuerpo de Cristo. Recuerda, el pastor con el ministerio local es comunicador de Dios para Su rebaño. En un sentido de la palabra, el pastor es el vínculo de vida entre Dios y el alma individual. Si Dios envía Su Palabra a través del ministerio ungido y las ovejas no escuchan o se rebelan contra el mensaje, entonces, su alma está en peligro. La vida espiritual es dependiente del ministerio en la iglesia. Sin el ministerio, uno no podría escuchar el Evangelio predicado. No tendría ninguna forma de comunicación con Dios ni de ser instruidos por Él. Los ángeles no están predicando el Evangelio. Como se ejemplifica en las siguientes escrituras, Cornelio es un hombre que motivó al cielo a enviarle un mensajero angelical con instrucciones de hacer venir a Pedro, el ministro que tenía el mensaje de salvación *(Hechos 10:1-48)*.

El apóstol Pablo habla de la necesidad del ministerio. *"¿Qué, pues, es Pablo, y qué es Apolos? <u>Servidores por medio de los cuales habéis creído</u>; y eso según lo que a cada uno concedió el Señor."* (1 Corintios 3:5) Y de nuevo, *"Porque todo aquel que invocare el nombre*

MIEMBROS DE LA IGLESIA

del Señor, será salvo. ¿Cómo, pues, invocarán a aquel en el cual no han creído? ¿Y cómo creerán en aquel de quien no han oído? ¿Y cómo oirán sin haber quien les predique?" (Romanos 10:13-14)

- El ministro es un embajador de Cristo. Tiene la "PALABRA" de reconciliación *(2 Corintios 5:18-20)*.
- Recibiste a los ministros no como hombres, sino según es en verdad, y mensajeros de la palabra de Dios *(1 Tesalonicenses 2:13)*.

¡Cada persona salvada ha de ser miembro de una asamblea local! Ningún individuo puede pastorearse a sí mismo, sino que alguien debe estar por encima suyo para vigilar su alma. Cada hijo de Dios tiene que tener a alguien por encima de ellos. Como miembro de la iglesia, el pastor es el supervisor y el vigilante. El pastor no es un policía que vigila todos tus movimientos, sino el guardián de tu alma y el instructor de tu salvación. Según la práctica de las Asambleas Pentecostales del Mundo, el Pastor tiene al Anciano de Distrito junto con el Obispo Sufragáneo como supervisores. Estos oficiales tienen al Obispo Diocesano como vigilante y autoridad y el Obispo Diocesano, a su vez, tiene a la Junta de Obispos como supervisora. Todos en el Reino de Dios deben ser responsables ante alguien.

Ten en cuenta las siguientes referencias de las escrituras:

- El pastor debe dar cuenta de cada alma bajo su responsabilidad *(Hebreos 13:7, 17)*.
- Cuidado, NO te rebeles contra la autoridad establecida en la iglesia *(Isaías 1:19-20)*.

- Eventualmente, cada miembro de la iglesia de Dios debe dar cuenta de sí *(Romanos 14:12).*

~ 4 ~

Autoridad De La Iglesia

Para que la iglesia funcione correctamente, el pastor debe tener algunos asistentes en el gobierno de la iglesia. Cada asamblea local es una unidad soberana con una sola cabeza y su propia forma de gobierno, siempre y cuando no entre en conflicto con las escrituras y siga las directrices de la Biblia. *Vosotros, pues, sois el cuerpo de Cristo, y miembros cada uno en particular. Y a unos puso Dios en la iglesia, primeramente apóstoles, luego profetas, lo tercero maestros, luego los que hacen milagros, después los que sanan, los que <u>ayudan</u>, los que Administran, los que tienen don de lenguas." (1 Corintios 12:27-28).*

AUTORIDAD DE LA IGLESIA

- Reconoced a los que trabajan entre vosotros y tenerdlos en mucha estima *(1 Thessalonians 5:12-13)*.
- Dios prometió enviar un ángel delante de ti, obedece su voz (Éxodo 23:20-22).

"Los ancianos que gobiernan bien, sean tenidos por dignos de doble honor, mayormente los que trabajan en predicar y enseñar" (1 Timoteo 5:17). Hay dos clases de ancianos en la iglesia:

1. Aquellos que se ocupan de la palabra y la doctrina (el ministerio).
2. Quienes gobiernan por otros medios, ayudando al pastor (diáconos).

El término *anciano* tiene dos significados: primero, una persona de edad que es respetada por su sabiduría; segundo, alguien que se encuentra en una posición dirigente o gobernante. Frecuentemente, en las Asambleas Pentecostales del Mundo, el término anciano se aplica al ministerio; sin embargo, en otras organizaciones, anciano podría significar cualquier persona con autoridad en la iglesia.

El ministerio y los diáconos son los únicos cargos creados por el Nuevo Testamento. Los ayudantes en la iglesia, incluyendo los departamentos auxiliares, el secretario de la iglesia o administrador, el tesorero, los fiduciarios y cualquier otro cargo no ordenado por Dios, son esenciales para el funcionamiento de la iglesia mientras no se violen las escrituras. Estas funciones adicionales son necesarias debido al crecimiento de la iglesia moderna y al desarrollo de los distintos departamentos diseñados para ampliar las necesidades de las congregaciones actuales. Los requisitos legales y la posesión de bienes han hecho que el cargo de administrador sea necesario. El registro de los informes corporativos ha hecho que sean necesarios los roles de secretario y tesorero. Las reglas y regulaciones impuestas por las agencias gubernamentales han afectado muchas de las operaciones de administración de la iglesia. Ten en cuenta que estos nuevos cargos no son cargos espirituales y no son necesarios para la función del Reino de Dios. Si bien no hay ninguna referencia bíblica, Dios les permite el gobierno de la iglesia. Sin embargo, los escribas del Antiguo Testamento mantuvieron registros de los acontecimientos y su período y registraron el nombre de los miembros de Israel por tribus. Ver *Esdras 2:62* y *1 Crónicas capítulos 1 al 9*. Los cargos espirituales se limitan al Ministerio y todas sus ramas y son responsables de la predicación, enseñanza, doctrina y administración de la iglesia y los diáconos que asisten al párroco en las tareas administrativas.

~ 5 ~

Papel De Los Diáconos

El oficio del diácono entró en existencia cuando se formaron asambleas de iglesia locales y el cargo fue establecido para apoyar al pastor a gobernar la iglesia local. Los diáconos reciben su autoridad y poder DEL pastor y ha de trabajar como el pastor indique. Las posiciones, junto con otros ayudantes en la iglesia, ayudan al pastor a implementar las políticas de la iglesia iniciadas por éste. En otras palabras, cada oficio en la iglesia deriva su poder, autoridad y deberes del pastor. El pastor es el único responsable y nadie más. Todos los departamentos de la iglesia están sujetos al pastor. El pastor no es un coordinador que busca la dirección de un comité o de la congregación. Todas las políticas de la iglesia comienzan con el pastor y se filtran a través de los otros departamentos para su implementación. Los ayudantes en la iglesia deben ser aquellos que son FIELES, CONFIABLES (fiables), y en completa ARMONÍA con el pastor, la doctrina y la política de la iglesia.

El título de "Diácono" viene de la palabra griega "diakonus", que significa "siervo" o el que sirve. Los requisitos del diácono son muy similares a los del pastor. Son más que "contadores de dinero," que es la creencia común en muchas iglesias. El oficio de diácono es imprescindible para ayudar al pastor. El diácono, aunque no es un ministro, debe conocer la doctrina y ser capaz de exhortar y defender las enseñanzas de los Apóstoles. Los diáconos o diaconisas deben ser hombres y mujeres especiales que estén dispuestos a estar subordinados al pastor y a defenderle cuando la gente ataca sin razón justificable. El diácono, junto con el pastor, es el vigilante de las almas del pueblo de Dios. El término primero fue mencionado en *Filipenses 1:1* y más adelante *1 Timoteo 3:8-13*:

> *Los diáconos asimismo deben ser honestos, sin doblez, no dados a mucho vino, no codiciosos de ganancias deshonestas; que guarden el misterio de la fe con limpia conciencia. Y éstos también sean sometidos a prueba primero, y entonces ejerzan el diaconado, si son irreprensibles. Las mujeres asimismo sean honestas, no calumniadoras, sino sobrias, fieles en todo. Los diáconos sean maridos de una sola mujer, y que gobiernen bien sus hijos y sus casas. Porque los que ejerzan bien el diaconado,*

ganan para sí un grado honroso, y mucha confianza en la fe que es en Cristo Jesús. (1 Timoteo 3:8-13).

Las esposas de pastores, ministros y diáconos desempeñan un papel importante en la estructura de la iglesia, no por la autoridad otorgada a las esposas, sino por los ejemplos que presentan ante la congregación. Primero ha de probarse la cualificación del diácono demostrando ser bien establecido en la fe, sobrio y que no difunda chismes o falsas acusaciones. El diácono está en control de su casa y la gobierna bien. Su matrimonio es estable, siendo marido de una esposa y sus hijos están sujetos a su autoridad.

Dios es un ser soberano y reconoce las impresionantes responsabilidades de Su iglesia. Sabe que una sola persona no es capaz de proporcionar todo lo necesario para cuidar de Su pueblo. Moisés recibió algunos buenos consejos de su suegro, Jetro, quien le animó a sustituir a los ayudantes (*Éxodo 18*). Después de esto, Dios autorizó a Moisés a seleccionar algunos ayudantes para que le ayudaran. Ningún pastor es capaz de cuidar del pueblo de Dios solo. A pesar del ego personal y de la capacidad auto-imaginada, un pastor necesita a alguien que le ayude con el programa de Dios. Un pastor no puede enseñar en cada clase de la escuela dominical o llegar a todas las personas todo el tiempo. Los pastores necesitan ayudantes. El número de ayudantes variará dependiendo del tamaño de la iglesia. Como en el caso de Moisés, Dios tomó parte del espíritu de Moisés y lo puso en los setenta asistentes que fueron elegidos para ayudar a juzgar a la congregación. Esos ayudantes en la iglesia deben también tener la mente del pastor y, de manera similar, tener en ellos el espíritu del pastor.

> *Entonces Jehová dijo a Moisés: Reúneme setenta varones de los ancianos de Israel, que tú sabes que son ancianos del pueblo y sus principales; y tráelos a la puerta del tabernáculo de reunión, y esperen allí contigo. Y yo descenderé y hablaré allí contigo, y tomaré del espíritu que está en ti, y pondré en ellos; y llevarán contigo la carga del pueblo, y no la llevarás tú solo. Entonces Jehová descendió en la nube, y le habló; y tomó del espíritu que estaba en él, y lo puso en los setenta varones ancianos; y cuando posó sobre ellos el espíritu, profetizaron, y no cesaron (Números 11:16-17, 25).*

Dios autorizó a los setenta ancianos a ayudar en el juicio de la congregación y dio a Aarón, el sumo sacerdote, un REGALO en la forma de los levitas, que le ayudarían con los deberes del templo.

> *Y yo he dado en don los levitas a Aarón y a sus hijos de entre los hijos de Israel, para que ejerzan el apostolado de los hijos de Israel en el tabernáculo de reunión, y reconcilien a los hijos de Israel; para que no haya plaga en los hijos de Israel, al acercarse los hijos de Israel al santuario (Números 8:19; 18:6).*

Además, Pablo habló de las mujeres que trabajaron con él en el Evangelio *(Filipenses 4:3)*. La mayoría de los pastores deben depender de mujeres fieles en la iglesia. Las mujeres son capaces de realizar muchas funciones útiles para la iglesia y, a menudo, son las primeras en hacer que las cosas avancen hacia la visión del pastor.

~ 6 ~

Juicio En La Iglesia

"Porque es tiempo de que el juicio comience por la casa de Dios; y si primero comienza por nosotros, ¿cuál será el fin de aquellos que no obedecen al evangelio de Dios?" (1 Pedro 4:17).

La autoridad para juzgar a los miembros de la iglesia está bien establecida en el Antiguo y Nuevo Testamento. La iglesia de Dios debe mantenerse limpia de pecado, impureza y corrupción. Sin embargo, el objetivo no es castigar al transgresor, sino revelar el mal y salvar al alma, en lugar de destruirla. Excomulgar a los miembros es el último recurso y cuando no se arrepienten adecuadamente o se niegan a someterse a la autoridad de la iglesia, solo entonces, serán despedidos de la congregación. *"El hombre que reprendido endurece la cerviz, De repente será quebrantado, y no habrá para él medicina"* (*Proverbios 29:1*). Los sentimientos personales NO DEBEN entrar en el proceso de juicio.

Donde hay personas, habrá problemas a resolver. Donde hay leyes, habrá quienes por una razón u otra las violen. El proceso de arbitraje es un esfuerzo por hacer una distinción entre el bien y el mal y por ayudar a aquellos que han violado la escritura a reconciliarse con Dios. Las disputas y ofensas a menudo surgen en la iglesia, y debe haber algún procedimiento por el que estos conflictos puedan resolverse. A veces la disciplina es necesaria para hacer cumplir la ley y concienciar al transgresor de las demandas de Dios. El pecado es un horrible espectro que afecta gravemente a la iglesia y, si se le permite quedar impune, eventualmente destruirá la integridad de la iglesia. De ser posible, aquellos que pecan deben ser juzgados y rehabilitados. El objetivo de los jueces debe ser en todo momento llevar el arrepentimiento y la redención al transgresor. Dios no es un Dios punitivo y no se complace en la muerte de los impíos, pero siempre se esfuerza por llevarles al arrepentimiento. Sin arrepentimiento, no puede haber perdón.

> *¿Quiero yo la muerte del impío? Dice Jehová el Señor. ¿No vivirá, si se apartare de sus caminos? Porque no quiero la muerte del que muere, dice Jehová el Señor; convertíos, pues, y viviréis (Ezequiel 18:23, 32).*

Más adelante, *"El Señor no retarda su promesa, según algunos la tienen por tardanza, sino que es paciente para con nosotros, no queriendo que ninguno perezca, sino que todos procedan al arrepentimiento"* (2 Pedro 3:9). Hay directrices para el procedimiento de juicio de la iglesia. Jesús, cuando trató con la mujer sorprendida en adulterio, no justificó a la mujer, sino que simplemente le dio un indulto porque los jueces no estaban cualificados para juzgarla.

Y como insistieran en preguntarle, se enderezó y les dijo: <u>El que de vosotros esté sin pecado sea el primero en arrojar la piedra contra ella</u> E inclinándose de nuevo hacia el suelo, siguió escribiendo en tierra. Pero ellos, al oír esto, acusados por su conciencia, salían uno a uno, comenzando desde los más viejos hasta los postreros; y quedó solo Jesús, y la mujer que estaba en medio (Juan 8:7-9).

Es evidente que aquellos que juzgan deben estar libre de pecado y culpa. Examina las referencias bíblicas a continuación:

- *Deuteronomio 16:18-19*
- *Éxodo 18:21*

El tribunal de la iglesia consiste en el pastor, el juez principal, junto con los diáconos o diaconisas y otros ancianos nombrados por el pastor. Examinemos los requisitos de Dios para juzgar. Hay ministerios que enseñan que el liderazgo de la iglesia no tiene derecho a juzgar; sin embargo, la autoridad se invierte en la iglesia para ocuparse de aquellos asuntos que ofenden a Dios o a los demás. Es la misericordia de Dios la que proporciona la plataforma para un <u>juicio</u> para los culpables con el fin de redimirlos, si es posible. Dios mismo se pone en medio de los jueces como se ilustra en la siguiente referencia escritural:

> *Y entonces mandé a vuestros jueces, diciendo: Oíd entre vuestros hermanos, y juzgad justamente entre el hombre y su hermano, y el extranjero. No hagáis distinción de persona en el juicio; así al pequeño como al grande oiréis; no tendréis temor de ninguno, porque el juicio es de Dios; y la causa que os fuere difícil, la traeréis a mí, y yo la oiré (Deuteronomio 1:16-17).*

Moisés instruyó a los jueces con respecto a su conducta. Debían escuchar cada caso con imparcialidad para ser absolutamente imparciales y no ser intimidados por la ferocidad del semblante del hombre. El juicio o la decisión dictada, de estar de acuerdo a la ley, era el juicio de Dios y Él apoya a los jueces para hacer cumplir el veredicto.

Era el deber de Esdras establecer jueces y magistrados entre el pueblo. Estos jueces debían conocer la ley y los que no estaban bien informados debían ser enseñados.

> *Y tú, Esdras, conforme a la sabiduría que tienes de tu Dios, pon jueces y gobernadores que gobiernen a todo el pueblo que está al otro lado del río, a todos los que conocen las leyes de tu Dios; y al que no las conoce, le enseñarás. Y cualquiera que no cumpliere la ley de tu Dios, y la ley del rey, sea juzgado prontamente, sea a muerte, a destierro, a pena de multa, o prisión (Esdras 7:25-26).*

Había distintos castigos para los diferentes delitos. Dios ha encargado a los jueces que <u>juzguen por Él</u>. Los jueces han de llevar a cabo el procedimiento de pronunciamiento de la sentencia como si Dios Mismo estuviera allí.

Y puso jueces en todas las ciudades fortificadas de Judá, por todos los lugares. Y dijo a los jueces: Mirad lo que hacéis; <u>porque no juzgáis en lugar de hombre, sino en lugar de Jehová,</u> el cual está con vosotros cuando juzgáis. Sea, pues, con vosotros el temor de Jehová; mirad lo que hacéis, porque con Jehová nuestro Dios no hay injusticia, ni acepción de personas, ni admisión de cohecho (2 Crónicas 19:5-7).

Los jueces no deben hacer acepción de las personas; es decir, permitir que su personalidad, estado o raza interfieran con el proceso de gobierno, ni han de dejarse tentar por regalos o recompensas. Estar en posición para juzgar a otra persona es cosa seria. Por lo tanto, Dios ha dado ayuda a aquellos que son llamados a ser jueces.

En aquel día Jehová de los ejércitos será por corona de gloria y diadema de hermosura al remanente de su pueblo; <u>y por espíritu de juicio al que se sienta en juicio</u>, y por fuerzas a los que rechacen la batalla en la puerta (Isaiah 28:5-6).

Nadie está exento de los procesos judiciales de la iglesia. O bien nos juzgaremos a nosotros mismos y nos arrepentiremos de nuestros errores, o la iglesia nos hará responsables. La iglesia no es una sola persona, sino que consiste en un tribunal judicial formado por el pastor, los diáconos y la porción del personal ministerial que el pastor designe. La iglesia tiene autoridad sobre sus miembros desde que la persona experimenta el Nuevo Nacimiento hasta su muerte o éxtasis. El descarriado o excomulgado no puede eludir el proceso judicial de la iglesia. Recuerda, la iglesia opera bajo la autoridad de Dios y hace que cada miembro sea responsable ante el pastor. Generalmente cuando uno peca o se descarría, la asamblea local a la que la persona asistía previamente es el mismo lugar al que regresará si vuelve a estar en comunión con Dios. En pocas palabras, la puerta por la que uno sale es la misma puerta por la que él o ella debe volver a entrar, si la comunión con Dios —y con la congregación— fuera restaurada. *"Pero tú, ¿por qué juzgas a tu hermano? O tú también, ¿por qué menosprecias a tu hermano? Porque todos compareceremos ante el tribunal de Cristo"* (*Romanos 14:10*).

Las siguientes escrituras demuestran nuestra futura responsabilidad como hijos de Dios y el peligro de usar un procedimiento judicial distinto del de la iglesia.

¿Osa alguno de vosotros, cuando tiene algo contra otro, ir a juicio delante de los injustos, y no delante de los santos? <u>¿O no sabéis que los santos han de juzgar al mundo? Y si el mundo ha de ser juzgado por vosotros, ¿sois indignos de juzgar cosas muy pequeñas? ¿O no sabéis que hemos de juzgar a los ángeles? ¿Cuánto más las cosas de esta vida?</u> Si, pues, tenéis juicios sobre cosas de esta vida, ¿ponéis para juzgar a los que son de menor estima en la iglesia? Para avergonzaros lo digo. ¿Pues qué, no hay entre vosotros sabio, ni aun uno, que pueda juzgar entre sus hermanos, sino que el hermano con el hermano pleitea en juicio, y esto ante los incrédulos? Así que, por cierto es ya

una falta en vosotros que tengáis pleitos entre vosotros mismos. ¿Por qué no sufrís más bien el agravio? ¿Por qué no sufrís más bien el ser defraudados? (1 Corintios 6:1-7)

Hay dos principios expresados en los versículos anteriores. El primer principio es que los problemas que existen entre los miembros del Cuerpo de Cristo deben ser juzgados dentro del foro de la iglesia, que es el tribunal judicial de la iglesia. El procedimiento se describe en el Nuevo Testamento (Mateo 18:15-20). Hay una <u>fuerte advertencia</u> a "los hermanos" de que no vayan a la ley civil para reparar sus agravios, sino a la iglesia. Pablo los reprendió con ironía diciendo "¿No tenéis a personas cualificadas entre vosotros? ¿Tomáis a los menos cualificados para ponerlos como jueces?" ¡La respuesta implícita es un NO rotundo! Para reforzar su declaración, añade, "Hablo a vuestra vergüenza". Seguramente hay un hermano sabio entre vosotros que es capaz de juzgar entre hermanos. Es mejor que te agravien para la gloria de Dios a llevar a tu hermano a la ley ante un juez injusto. Hasta que los oficiales de la iglesia están listos para hacer cumplir este principio, la iglesia de Dios sufrirá una gran pérdida de credibilidad y los miembros que necesiten ayuda no estarán dispuestos a pedir ayuda a la iglesia.

El segundo principio es que la responsabilidad futura de los santos será juzgar al mundo. ¡Qué responsabilidad tan grande será! Si el proceso de evaluación no se perfecciona ahora en esta vida, ¿cómo se confiará en la iglesia para asumir esta enorme responsabilidad en el futuro? A menudo, se ha dicho que la iglesia está haciendo *prácticas en el lugar de trabajo*; es decir, capacitándose para un tiempo aún por ser revelado. Pablo añade, ¿no sabéis que juzgaremos a los ángeles? Cuánto más aquello a lo que nos enfrentamos ahora.

Del mismo modo, también debe darse importancia a la conducta para asegurar que las cualidades del juez se están perfeccionando adecuadamente. Esto lleva a lo siguiente: ¿Con quienes nos asociamos en la iglesia y cómo debemos tratarlos? Considera lo que Pablo ha dicho de ello:

Os he escrito por carta, que no os juntéis con los fornicarios; no absolutamente con los fornicarios de este mundo, o con los avaros, o con los ladrones, o con los idólatras; pues en tal caso os sería necesario salir del mundo. Más bien os escribí que no os juntéis con ninguno que, llamándose hermano, fuere fornicario, o avaro, o idólatra, o maldiciente, o borracho, o ladrón; con el tal ni aun comáis. Porque ¿qué razón tendría yo para juzgar a los que están fuera? ¿No juzgáis vosotros a los que están dentro? Porque a los que están fuera, Dios juzgará. <u>Quitad, pues, a ese perverso de entre vosotros.</u> (1 Corintios 5:9-13).

Cuando se descubre el pecado, debe juzgarse y tomarse alguna acción. Las escrituras de arriba dicen claramente que no debemos asociarnos con aquellos que son culpables de los pecados mencionados arriba. Recuerda que el trabajo principal de la iglesia no es excomulgar, sino redimir, si es posible. Sin embargo, si la persona que está en pecado se niega a acatar la norma de la iglesia, entonces ha de negársele la comunión y Dios se ocupará de la persona.

LIDERAZGO PASTORAL Y GOBIERNO DE LA IGLESIA

La autoridad de la sentencia de la iglesia no cubre a los malhechores de este mundo, sino a los culpables de pecado en la iglesia. El veredicto, por lo tanto, es apartarse de esa persona transgresora. De nuevo, si se permite que el pecado pase sin ser juzgado, toda la iglesia se corromperá con el tiempo. Lee la sentencia de Pablo del hombre en la iglesia de Corinto.

De cierto se oye que hay entre vosotros fornicación, y tal fornicación cual ni aun se nombra entre los gentiles; tanto que alguno tiene la mujer de su padre. Y vosotros estáis envanecidos. ¿No debierais más bien haberos lamentado, para que fuese quitado de en medio de vosotros el que cometió tal acción? Ciertamente yo, como ausente en cuerpo, pero presente en espíritu, ya como presente he juzgado al que tal cosa ha hecho En el nombre de nuestro Señor Jesucristo, reunidos vosotros y mi espíritu, con el poder de nuestro Señor Jesucristo, el tal sea entregado a Satanás para destrucción de la carne, a fin de que el espíritu sea salvo en el día del Señor Jesús. No es buena vuestra jactancia. ¿No sabéis que un poco de levadura leuda toda la masa? (1 Corintios 5:1-6)

Por tanto, si tu hermano peca contra ti, ve y repréndele estando tú y él solos; si te oyere, has ganado a tu hermano. Mas si no te oyere, toma aún contigo a uno o dos, para que en boca de dos o tres testigos conste toda palabra. Si no los oyere a ellos, dilo a la iglesia; y si no oyere a la iglesia, tenle por gentil y publicano. De cierto os digo que todo lo que atéis en la tierra, será atado en el cielo; y todo lo que desatéis en la tierra, será desatado en el cielo. Otra vez os digo, que si dos de vosotros se pusieren de acuerdo en la tierra acerca de cualquiera cosa que pidieren, les será hecho por mi Padre que está en los cielos. Porque donde están dos o tres congregados en mi nombre, allí estoy yo en medio de ellos. (Mateo 18:15-20).

Ten en cuenta que los versículos describen el procedimiento para resolver disputas entre los miembros de la iglesia y el foro en el que se juzgan los problemas. No es una pequeña iglesia que se reúne para el servicio, sino el tribunal judicial en el que el Señor mismo estará presente en espíritu. También indica el número mínimo de personas para llevar a cabo el proceso judicial: dos, el pastor y otra persona más. Estas escrituras describen una disputa entre dos personas, hermanos o hermanas en la iglesia. Uno es el transgresor y el otro es la parte ofendida. Los dos jueces se reúnen con la parte ofendida para encontrarse con el transgresor y aconsejarle sobre la transgresión. El objetivo es que el transgresor reconozca su error y se arrepienta para que la persona ofendida pueda perdonarle. Si esto no funciona, se obtiene un testigo que conozca el asunto y que trate de convencer al ofensor para que admita lo ha hecho mal y se arrepienta. Como un último intento de resolver el problema, se lleva la disputa a la iglesia (al pastor y a los diáconos). Ellos intentarán que admita su error; sin embargo, si el transgresor se niega a cumplir con la decisión de la iglesia, entonces el individuo debe ser presentado como indigno de comunión.

Ahora bien, el efecto de esta acción coloca al infractor en peligro de perder su alma. Está obligado por el juicio de la iglesia. El que está obligado o juzgado (por la iglesia) está obligado o juzgado en el cielo. El que es liberado de la tierra (por la iglesia) es puesto en libertad en el cielo. Dios reconoció la autoridad de la iglesia para juzgar y responde de acuerdo a su juicio. Además, en el proceso de juicio, <u>Cristo Jesús es la persona invisible en la junta judicial</u> y Su Espíritu influye en los jueces. No es una cosa personal sino el Espíritu de Cristo. La magnitud de la materia es tal, que los jueces deben ejercer la discreción y percepción espiritual pues el alma del individuo está en juego. La autoridad y el poder de la iglesia fue ilustrada y apoyada por la siguiente escritura: *"A quienes remitiereis los pecados, les son remitidos; y a quienes se los retuviereis, les son retenidos"* (Juan 20:23). Recuerda que Jesús dijo que esta autoridad está en la iglesia, no es dada a las personas, sino a los ordenados por Dios para juzgar. Del mismo modo, en nuestro sistema judicial, la persona común no es libre de juzgar o de ejecutar una sentencia determinada; no obstante, esta autoridad se deja para que la ejerza el juez adecuado. Asimismo, en la iglesia, no debemos juzgar a otros en los bancos; por el contrario, dicha autoridad la ejerce el tribunal judicial de la iglesia.

Considera las siguientes referencias bíblicas:

- Aquellos que han rechazado la Palabra de Dios, de hecho, han rechazado a Dios *(1 Samuel 15:22-26)*.
- Dios juzgará a aquellos que desprecian el gobierno *(2 Pedro 2:9-10)*.
- El alma que peca por ignorancia y el pecado presuntuoso

(Números 15:27-31).

- Quienes actuaron con presunción fueron juzgados por Dios *(Deuteronomio 1:43-45).*

Procedimiento del Juicio

Hay reglas para gobernar los tribunales judiciales de la iglesia y hay reglas que rigen los procedimientos para dar una sentencia también. No se puede traer a alguien ante el foro de juicio sin acusación alguna. El hecho de que alguien sea acusado no implica que sea culpable. Las pruebas o los testigos deben establecer la culpabilidad de la persona. Es responsabilidad del juez determinar la validez de los testigos y las pruebas presentadas. Las siguientes escrituras delinean los procedimientos que Dios ha instituido para los jueces de Israel. Estos mismos procedimientos están en vigor a día de hoy, si queremos que el juicio sea justo.

Cuando se hallare en medio de ti, en alguna de tus ciudades que Jehová tu Dios te da, hombre o mujer que haya hecho mal ante los ojos de Jehová tu Dios traspasando su pacto, que hubiere ido y servido a dioses ajenos, y se hubiere inclinado a ellos, ya sea al sol, o a la luna, o a todo el ejército del cielo, lo cual yo he prohibido; y te fuere dado aviso, y después que oyeres y hubieres indagado bien, la cosa pareciere de verdad cierta, que tal abominación ha sido hecha en Israel; Entonces sacarás a tus puertas al hombre o a la mujer que hubiere hecho esta mala cosa, sea hombre o mujer, y los apedrearás, y así morirán. <u>Por dicho de dos o de tres testigos</u> morirá el que hubiere de morir;

no morirá por el dicho de un solo testigo. La mano de los testigos caerá primero sobre él para matarlo, y después la mano de todo el pueblo; así quitarás el mal de en medio de ti. (Deuteronomio 17:2-7).

Cuando los jueces oyen hablar de maldad investigan el asunto y, si encuentran que la acusación es legítima, entonces el juicio ha de administrarse. Debe haber al menos dos testigos que en verdad puedan verificar la acusación. Un solo testigo no es suficiente. Se pueden traer ante el pastor ciertas acusaciones sobre una persona, pero el pastor debe confirmar que haya falta antes de poder hacer algo al respecto. Los jueces del tribunal de la iglesia no son libres de decidir arbitrariamente un juicio o castigo. Deben hacerlo por ley.

Cuando alguna cosa te fuere difícil en el juicio, entre una clase de homicidio y otra, entre una clase de derecho legal y otra, y entre una clase de herida y otra, en negocios de litigio en tus ciudades; entonces te levantarás y recurrirás al lugar que Jehová tu Dios escogiere; y vendrás a los sacerdotes levitas, y al juez que hubiere en aquellos días, y preguntarás; y ellos te enseñarán la sentencia del juicio. Y harás según la sentencia que te indiquen los del lugar que Jehová escogiere, y cuidarás de hacer según todo lo que te manifiesten. Según la frase de la ley que ellos te enseñará y según el juicio que se te digan, harás: tú serás no disminución de la pena que deberá mostrar, a la derecha, ni a la izquierda. Según la ley que te enseñen, y según el juicio que te digan, harás; no te apartarás ni a diestra ni a

siniestra de la sentencia que te declaren. Y el hombre que procediere con soberbia, no obedeciendo al sacerdote que está para ministrar allí delante de Jehová tu Dios, o al juez, el tal morirá; y quitarás el mal de en medio de Israel. Y todo el pueblo oirá, y temerá, y no se ensoberbecerá. (Deuteronomio 17:8-13).
Referencias bíblicas adicionales:
- Si se conoce el pecado, ha de exponerse ante las autoridades *(Levítico 5:1)*.
- No encubras la conducta del pecador *(Deuteronomio 13:6-8)*.
- No juzgues nada antes de su tiempo. Hay un momento adecuado para juzgar *(Génesis 15:16; 1 Corintios 4:5)*.
- El ministerio no debe ser contencioso, sino que ha de instruir a quienes se les oponen *(2 Timoteo 2:24-26)*.

Existen condiciones donde la iglesia no tiene más opción que excomulgar a algunos miembros de la iglesia. Un individuo que no respeta la sentencia de la iglesia es como quien se eleva a sí mismo por ENCIMA de la iglesia.

Descarriado. El descarriado es el individuo que ha dejado de vivir según la Palabra de Dios o el que ha pecado y no se ha arrepentido del pecado cometido. El descarriado no "cae por el precipicio" de repente hacia el mal o el pecado. La mayoría de las veces el descarriado ya había dado la espalda a Dios o traspasado Su palabra en su corazón mucho antes de que hubiera evidencias de su transgresión. ¡La iniquidad comienza en el corazón con pensamientos de hacer el mal! Haciendo caso omiso de las advertencias del Espíritu Santo, el individuo comienza a hacer planes para llevar a cabo sus pensamientos. Por ejemplo, cuando uno comete adulterio, generalmente no es algo espontáneo, sino más bien un acto premeditado. La lujuria se acumula en el corazón y permanece, si no se desafía, hasta que el acto se cometa. *"Si en mi corazón hubiese yo mirado a la iniquidad, el Señor no me habría escuchado." (Salmos 66:18)*. Cuando hay un pecado premeditado, generalmente hay un intento de encubrirlo, como hizo el rey David con su aventura con Betsabé. En última instancia, el corazón está endurecido por el engaño del pecado y, aunque el individuo puede permanecer en la congregación con el pecado aparentemente cubierto, su corazón se ha apartado de Dios y se ha convertido en un descarriado de corazón. *"<u>De sus caminos será hastiado el necio de corazón</u>; Pero el hombre de bien estará contento del suyo" (Proverbios 14:14)*.

Hay situaciones donde uno puede ser alcanzado por la tentación y caer en pecado. En tal caso, el corazón del individuo se sentirá herido por la transgresión e inmediatamente buscará confesión para reconciliarse con Dios. El acto premeditado y el ceder a la tentación se juzgan de manera diferente porque la causa raíz es diferente. En el primer caso, el acto fue premeditado y presuntuoso, operando desde la obstinación del corazón, mientras que en el segundo se cometió por debilidad, negligencia o por no prestar atención a los consejos. No nos equivoquemos, ambos estuvieron mal. Si un individuo quiere lograr recuperarse, la forma de responder a su fechoría es importante. El pecado impenitente nos separa de Dios. *"Porque he aquí que tinieblas cubrirán la tierra, y oscuridad las naciones; mas sobre ti amanecerá Jehová, y sobre ti será vista su gloria" (Isaiah 60:2)*. Cuando uno comete un pecado, la actitud de la persona hacia el consejo de Dios y los motivos de la persona van a determinar cómo puede tener lugar la recuperación de la situación (Jeremías 5:25).

Existen situaciones donde hay un constante rechazo de LA PALABRA de Dios, lo que pone a la persona más allá de la recuperación. Por ejemplo, cuando el rey Saúl "NO" obedecía la instrucción de Dios (1 Samuel 15:9). Además, Samuel dice a Saúl *"DESECHASTE LA PALABRA DE JEHOVÁ, y Jehová te ha desechado para que no seas rey sobre Israel" (1 Samuel* 15:26). Al final, el Señor dijo a Samuel que no se molestara ni orara por Saúl, porque lo había rechazado (a Dios). *"Dijo Jehová a Samuel: ¿Hasta cuándo llorarás a Saúl, habiéndolo yo desechado para que no reine sobre Israel? Llena tu cuerno de aceite, y ven, te enviaré a Isaí de Belén, porque de sus hijos me he provisto de rey" (1 Samuel 16:1)?* Existen condiciones que ponen a uno más allá de la ayuda de Dios y es inútil orar por esa persona. En el libro de Jeremías, hubo tres ocasiones donde Dios le dijo al profeta que no rezara por la gente ya que Él no le escucharía ni respondería. *"Tú, pues, no ores por este pueblo, ni levantes por ellos clamor ni oración; porque yo no oiré en el día que en su aflicción clamen a mí" (Jeremías 11:14)*. Lee también *Jeremías 7:16; Jeremías 14:11-14; 1 Juan 5:16*.

Cuando uno tiene una actitud obstinada y presuntuosa y se niega a ser instruido por la Palabra de Dios o por el proceso judicial de la iglesia, entonces, esa persona debe ser excomulgada o puesta fuera de comunión con la iglesia. La reconciliación es un proceso complicado. Demasiado a menudo intentamos traer a las personas de vuelta a la congregación, antes de que Dios diga lo contrario. Hasta que Dios dé al descarriado un corazón para que se arrepienta, no hay nada que el pastor pueda hacer para ayudar. Los miembros de la iglesia pueden llevarlo a los bancos, pero no a Dios. Cuando cualquier miembro de la iglesia se siente superior a la iglesia, su comunión con Dios se cercena inmediatamente. *"Volvieron, pero no al Altísimo; fueron como arco engañoso; cayeron sus príncipes a espada por la soberbia de su lengua; esto será su escarnio en la tierra de Egipto" (Oseas 7:16).* A menudo, mimamos al descarriado para atraerlo de nuevo a la iglesia cuando su corazón aún no ha sido cambiado. El peligro es que hacemos que estas personas sientan que todo está bien simplemente porque han vuelto a ocupar su lugar en el banco. ¡Dios tiene una opinión diferente! *"Ephraim es dado a ídolos; déjalo" (Oseas 4:17).* DEJA SOLO al individuo. Esto es muy difícil para muchos, pero es el modo de Dios, hasta que estos individuos estén dispuestos a arrepentirse y dar la espalda a la presunción de sus hábitos. Los espíritus presuntuosos y obstinados son los más difíciles de tratar porque no serán instruidos o reconocerán el consejo divino. Esta es la causa raíz de la mayoría de los descarriados, una causa que, en última instancia, puede conducir al rechazo de Dios y al tormento en el infierno.

Ten en cuenta las siguientes referencias bíblicas sobre los peligros del espíritu presuntuoso y del corazón obstinado. Si los pastores no pueden deshacerse de lo inmundo de la congregación, eventualmente ésta se corromperá y destruirá. Un poco de fermento contaminará toda la masa *(1 Corintios 5:6)*. *"No erréis; las malas conversaciones corrompen las buenas costumbres" (1 Corintios 15:33).*

- Ser reprendido a menudo y endurecer la cerviz es ser quebrantado sin remedio *(Proverbios 29:1).*
- El pueblo transgredió, rechazó al Mensajero – **sin remedio** *(2 Crónicas 36:14-16).*
- Apartar el oído para no oír la ley, las oraciones no se escucharán *(Proverbios 28:9).*
- La rebelión y la obstinación son pecados que hará que uno sea rechazado *(1 Samuel 15:22-26).*
- Hay pecado de muerte, no roguéis por él *(1 Juan 5:16).*
- Aquellos que no obedecen la ley deben echarse (Esdras 7:26).
- El final de la presunción *(2 Pedro 2:9-22).*
- Esaú despreció su primogenitura y fue rechazado *(Hebreos 12: 15-17).*

A menos que Dios dé a alguien un corazón arrepentido, esa persona no volverá. ¿Cuál debería ser nuestra actitud hacia los transgresores o excomulgados? Como hijos de Dios nunca estamos justificados a ser groseros, descorteses, inciviles o impíos hacia quienes se han alejado de la iglesia. Por otro lado, debemos ser firmes en hacer cumplir las normas santas de Dios mostrando cariño, pero nunca haciendo que los transgresores se sientan cómodos en su estado de mal.

El amor es una cosa y la comunión en la iglesia es otra cosa. Deja que Dios le atraiga y aguijonee su corazón. Cuando esto suceda, si su corazón puede ser tocado, se arrepentirán y todo el cielo puede alegrarse por un alma perdida recuperada. Si rechazan el acercamiento de Dios, no hay esperanza y todo lo que intentemos hacer será inútil. ¿Qué sentido tienen nuestras oraciones si Dios no las escucha? En ningún momento debemos regocijarnos por los defectos de los malhechores ni esperar su destrucción. El infierno es un lugar terrible de tormento inimaginable. Al igual que el cielo, es eterno. Deberíamos esperar que cada alma perdida encuentre el arrepentimiento y la recuperación en el Reino de Dios.

Las siguientes Escrituras describen la actitud de Dios hacia el descarriado:

- Volvieron, pero no a mí. Volvieron a la Iglesia, pero no a Dios *(Oseas 7:16)*.
- Efraín volvió a Egipto (pecado) y comió viandas inmundas. *(Oseas 9:3)*.
- Marca a los que causan ofensas y evítalos *(Romanos 16:17-18)*.
- No os juntéis con quien camina desordenadamente *(2 Tesalonicenses 3:14)*.
- No deis la bienvenida a quien no traiga la doctrina de la verdad *(2 Juan 1:9-12)*.
- Echa fuera al escarnecedor y cesará el pleito *(Proverbios 22:10)*.

JUICIO EN LA IGLESIA

- Rechaza a un hereje después de la segunda amonestación. Ellos subvertirán el alma *(Tito 3:10-11)*.
- No frecuentes la compañía ni guardes amistad con un hermano transgresor *(1 Corintios 5:9-13)*.

~ 7 ~

Confesión Y Restauración

"El que encubre sus pecados no prosperará; Mas el que los confiesa y se aparta alcanzará misericordia. Bienaventurado el hombre que siempre teme a Dios; Mas el que endurece su corazón caerá en el mal" (Proverbios 28:13-14).

Del mismo modo, *"Hermanos, si alguno fuere sorprendido en alguna falta, vosotros que sois espirituales, restauradle con espíritu de mansedumbre, considerándote a ti mismo, no sea que tú también seas tentado" (Gálatas 6:1).* Ninguno de nosotros estamos salvados tan perfectamente que nos sea imposible fracasar o transgredir la Palabra de

CONFESIÓN Y RESTAURACIÓN

Dios. Esto no quiere decir que estemos destinados a caer porque Dios es más que capaz de evitar que caigamos *(Judas v. 24),* pero la realidad es que muchos caemos por debilidad o descuido. Dios en Su misericordia ha hecho provisiones para recuperar a aquellos que han errado o transgredido de alguna manera. Desde el principio de la existencia del hombre, Dios ha deseado que los hombres se arrepientan para que nos pueda restaurar en la comunión con Él. El registro del intento de Dios de hacer que Caín reconozca su culpa y que ofrezca el mejor sacrificio indica su voluntad de ayudar al hombre a recuperarse de su fracaso. Caín se negó y, en lugar de agradar a Dios, asesinó a su hermano Abel y, por lo tanto, fue rechazado por Dios. La confesión y la renuncia es la manera de Dios de hacer que el hombre reconozca su pecado y sea restaurado en Su comunión. Al igual que Caín salió perdiendo con Dios, así nos pasará a nosotros si no reconocemos nuestro mal y no cambiamos nuestra conducta para agradar a Dios.

"El Señor no retarda su promesa, según algunos la tienen por tardanza, sino que es paciente para con nosotros, no queriendo que ninguno perezca, sino que todos procedan al arrepentimiento" (2 Pedro 3:9). Entonces, ¿cómo regresa el transgresor a Dios? El procedimiento obvio es arrepentirse, confesar y abandonar, acompañado de la oración del pastor o de alguien autorizado por él. ¿Es esto todo lo que se requiere? ¡No! La ACTITUD que uno tiene hacia la transgresión en cuestión y el deseo de ser perdonado son de suma importancia. La actitud es un factor que a menudo se elimina del procedimiento de restauración. La actitud del rey David,

Ten piedad de mí, oh Dios, conforme a tu misericordia; Conforme a la multitud de tus piedades borra mis rebeliones. Lávame más y más de mi maldad y límpiame de mi pecado. Porque yo reconozco mis rebeliones y mi pecado está siempre delante de mí. <u>*Contra ti, contra ti solo he pecado, y he hecho lo malo delante de tus ojos; para que seas reconocido justo en tu palabra, y tenido por puro en tu juicio*</u> *(Salmos 51:1-4).*

Al confesarnos, a menudo nos falta un reconocimiento sincero del pecado, pero nos esforzamos en justificar lo que hemos hecho para hacer que el mal parezca menos grave.

¿Qué significa confesar? La confesión es revelar un secreto, dar a conocer lo oculto. La confesión no es admitir simplemente que se ha hecho mal, sino una voluntad para purgarse a uno mismo, vomitando la transgresión fuera del sistema espiritual. La confesión es dar gloria a Dios porque Él es justo y estamos pecaminosamente equivocados (*Salmos 51:1-4*). Lamentar el pecado no es suficiente. Hay muchas personas que han llorado y parecían lamentar su crimen, no porque lo sintieran realmente, sino porque les habían pillado. Si uno desea reconciliarse con Dios, la persona debe ser honesta en su arrepentimiento. Dios no necesita ser informado de que uno ha pecado. ¡Él ya lo sabe! *"Dios, tú conoces mi insensatez, y mis pecados no te son ocultos" (Salmos 69:5).*

Job aprendió que Dios lo sabe todo de nosotros y nada se hace en secreto sin que Él lo sepa o vea. Declaró, *"Porque sus ojos están sobre los caminos del hombre, y ve todos sus pasos. No hay tinieblas ni sombra de muerte donde se escondan los que hacen maldad" (Job 34:21-22)*. Estos versículos deberían hacernos conscientes de que cada acción de nuestra parte es atestiguada por Dios y corresponde al hombre reconocer su transgresión, confesando voluntariamente para que Dios pueda conceder el perdón y restaurar la vida al alma. Es inútil esconder el mal hecho porque incluso la oscuridad es como el mediodía para Dios. *"¡Ay de los que se esconden de Jehová, encubriendo el consejo, y sus obras están en tinieblas, y dicen: ¿Quién nos ve, y quién nos conoce?!" (Isaías 29:15)*. El Evangelio de Mateo afirma: todo será revelado con el tiempo. *"Así que, no los temáis; porque nada hay encubierto, que no haya de ser manifestado; ni oculto, que no haya de saberse" (Mateo 10:26)*. Solo Dios debe ser temido porque Él es la clave para la vida y la muerte.

Dios busca un arrepentimiento genuino, un completo cambio de corazón, junto con un reconocimiento del pecado. La persona que peca debe confesarse con la autoridad de la iglesia, el pastor. El pastor es el guardián de sus almas y, a través de la oración, vuelve a conectar una relación rota entre el pecador y Dios. El pecado separa al hombre de Dios y le niega la bendición del Altísimo *(Isaías 59:2; Jeremías 5:25)*. No solo es un hecho la separación, sino que la vida es cortada y debe ser restablecida si el transgresor ha de vivir. Los transgresores no se confesarán hasta que estén dispuestos a arrepentirse y a ver su transgresión como vil y reprochable ante Dios. Todo lo que Dios quiere es que el hombre se arrepienta y confiese que ha pecado ante Dios y esté dispuesto a reconocer la justicia de Dios mediante su confesión. Dios está más dispuesto a perdonar al transgresor que el transgresor lo está para recibir su perdón. El espíritu rebelde en el hombre es tan terco que el mero acto de la confesión es muy difícil. El hombre hará casi cualquier cosa para evitarla o sortearla, aún a costa de su alma. Solo aquellos que están genuinamente interesados en su alma enderezarán sus errores para que puedan vivir y no morir. Para el transgresor, la confesión es la diferencia entre la vida y la muerte. *"Si confesamos nuestros pecados, él es fiel y justo para perdonar nuestros pecados, y limpiarnos de toda maldad" (1 Juan 1:9).*

Nadie puede restaurarse a sí mismo ante Dios. Igual que no somos capaces de predicarnos el Evangelio a nosotros mismos o bautizarnos a nosotros mismos sin la ayuda de otra persona, tampoco podemos abogar por nuestro propio caso sin la ayuda de la mediación de otra persona.

> *De modo que si alguno está en Cristo, nueva criatura es; las cosas viejas pasaron; he aquí todas son hechas nuevas. Y todo esto proviene de Dios, quien nos reconcilió consigo mismo por Cristo, y nos dio el apostolado de la reconciliación; que Dios estaba en Cristo reconciliando consigo al mundo, no tomándoles en cuenta a los hombres sus pecados, y nos encargó a nosotros la palabra de la reconciliación (2 Corintios 5:17-19).*

El rol pastoral es el mediador entre el hombre y Dios por medio de Jesucristo. El ministerio de la reconciliación es el vínculo entre la predicación del Evangelio al pecador y ayudar a la restauración del transgresor. En el caso del transgresor, necesita la ayuda de alguien con conexión con el Altísimo que pueda presentar su caso a Dios, que es quien tiene el poder de perdonar. Respecto a la restauración, el ministerio pastoral tiene la autoridad de ayudar a reconectar una comunión rota haciendo una apelación a nuestro Señor Jesucristo, nuestro principal defensor. *"Hijitos míos, estas cosas os escribo para que no pequéis; y si alguno hubiere pecado, abogado tenemos para con el Padre, a Jesucristo el justo"* (1 Juan 2:1). Nota: "si alguno hubiere pecado", esto se refiere a la persona que ha pecado. "Tenemos" se refiere a la autoridad judicial de la iglesia: el pastor con los diáconos. El transgresor tiene un representante a través del ministerio de la iglesia en Cristo, quien aboga por su causa y ofrece el perdón y la restauración.

Y esta es la confianza que tenemos en él, que si demandáremos alguna cosa conforme á su voluntad, él nos oye. Y si sabemos que él nos oye en cualquiera cosa que demandáremos, sabemos que tenemos las peticiones que le hubiéremos demandado. Si alguno viere cometer á su hermano pecado no de muerte, demandará y se le dará vida; digo á los que pecan no de muerte. Hay pecado de muerte, por el cual yo no digo que ruegue. Toda maldad es pecado; mas hay pecado no de muerte (1 Juan 5:14-17).

Primero, el ministerio de la iglesia tiene confianza en que Dios escuchará las peticiones presentadas ante Él. Esto incluye el recurso para restaurar a quien ha pecado. En otras palabras, Dios cumplirá la solicitud. Si alguno ve a su hermano o hermana pecando un pecado; ¿Quién es *alguno*? Este es el pastor de la iglesia local. A continuación, ¿cómo es posible *ver* a su hermano pecando? ¿Estaba el pastor con la persona cuando ésta ha cometido el pecado? ¡No! El pastor no es un policía que sigue a los santos y mantiene un control constante sobre ellos. La palabra *ver* significa tener conocimiento de un pecado que se ha cometido. ¿Cómo se adquiere este conocimiento? Por una confesión por parte del transgresor al pastor. Ahora, el pastor debe tomar una decisión de juicio. ¿Es un pecado de muerte o puede que sea de vida extendida? Es necesario que el pastor tenga un espíritu perceptivo para que pueda determinar la naturaleza y las circunstancias del pecado cometido.

Si el pecado no es de muerte, el pastor ha de pedir, es decir, solicitar a Dios mediante la oración en nombre de la parte culpable. Recuerda que el pastor tiene confianza en que Dios oirá su petición. El pastor pide. Entonces "él"; ¿quién es él? El "Él" es Dios quien le dará a "él", el pastor, vida para la persona que pecó no de muerte. Esto es lo que sucede. El pastor, después de escuchar la confesión del pecador, hace una petición a Dios orando por la persona que ha pecado. A cambio, Dios da vida al pastor a través de su oración para restaurar en comunión al que ha pecado. Estar separado de la Iglesia es estar separado de Dios y para ser restaurado a la vida, el individuo debe ser devuelto a la comunión con la iglesia.

Hay un pecado de muerte. ¿Cuál es? Es la conducta presuntuosa y obstinada de alguien que se niega a ser instruido, que está en completo desafío a la palabra de Dios y que, en contra de todo consejo de cambiar, persiste en ir a lo suyo. La *"soberbia"* es llamada la "gran rebelión" *(Salmos 19:13)*. Durante el tiempo de Jeremías, Israel se negó a oír al profeta para cambiar sus caminos o apartarse del pecado. Tres veces Dios le dijo a Jeremías que no rezara por el pueblo de Israel ya que Él no escucharía las oraciones del Profeta ni las del pueblo. Lee también *Jeremías 7:16; 11:14.*

Me dijo Jehová: <u>No ruegues por este pueblo para bien. Cuando ayunen, yo no oiré su clamor</u>, y cuando ofrezcan holocausto y ofrenda no lo aceptaré, sino que los consumiré con espada, con hambre y con pestilencia. Y yo dije: ¡Ah! ¡Ah, Señor Jehová! He aquí que los profetas les dicen: No veréis espada, ni habrá hambre entre vosotros, sino que en este lugar os daré paz verdadera. Me dijo entonces Jehová: Falsamente profetizan los profetas en mi nombre; no los envié, ni les mandé, ni les hablé; visión mentirosa, adivinación, vanidad y engaño de su corazón os profetizan (Jeremías 14:11-14).

Dios da una oportunidad para que de media vuelta y enderece sus errores. Sin embargo, si después de muchas súplicas y consejos, todavía se negara a escuchar y persistiera en su obstinación, no hay más opción que echarlo. *"El hombre que reprendido endurece la cerviz, De repente será quebrantado, y no habrá para él medicina"* (Proverbios 29:1). Esto se aplica igualmente al pecador y al transgresor en la iglesia.

Hay quienes han pecado por ignorancia. ¿Cómo saben que han de confesarse? Cuando sean conscientes de que sus acciones son contrarias a la Palabra de Dios, tienen la obligación de confesar.

O si alguno jurare a la ligera con sus labios hacer mal o hacer bien, en cualquiera cosa que el hombre profiere con juramento, y él no lo entendiere; si después lo entiende, será culpable por cualquiera de estas cosas. Cuando pecare en alguna de estas cosas, confesará aquello en que pecó:y para su expiación traerá a Jehová por su pecado que cometió, una hembra de los rebaños, una cordera o una cabra como ofrenda de expiación; y el sacerdote le hará expiación por su pecado (Levítico 5:4-6). Además habló Jehová a Moisés, diciendo: Di a los hijos de Israel: El hombre o la mujer que cometiere alguno de todos los pecados con que los hombres prevarican contra Jehová y delinquen, aquella persona confesará el pecado que cometió, y compensará enteramente el daño, y añadirá sobre ello la quinta parte, y lo dará a aquel contra quien pecó (Números 5:5-7).

Cuando se hace una confesión, para que sea aceptable, ésta debe ser abierta, voluntaria, libre, honesta y sincera. Uno no puede ocultar, evadir, encubrir ni disfrazar la sustancia de su confesión. No confesar, significa que uno permanece en comunión con la iglesia, pero es culpable ante Dios. No tiene vida. La confesión no es una declaración general como "Hice mal", sino que hay que especificar lo que se hizo y contarlo en detalle para que la culpa pueda ser "vomitada" *(Levítico 5:5-6)*. En el Antiguo Testamento, el sacerdote servía como intermediario entre el hombre y Dios, mientras que, en la iglesia del Nuevo Testamento, Jesucristo es nuestro abogado y el ministerio pastoral es el vínculo entre el transgresor y Dios.

Actitud Apropiada en la Confesión

El Hijo Pródigo

CONFESIÓN Y RESTAURACIÓN

Y volviendo en sí, dijo: ¡Cuántos jornaleros en casa de mi padre tienen abundancia de pan, y yo aquí perezco de hambre! Me levantaré e iré a mi padre, y le diré: Padre, he pecado contra el cielo y contra ti. Ya no soy digno de ser llamado tu hijo; hazme como a uno de tus jornaleros. Y levantándose, vino a su padre. Y cuando aún estaba lejos, lo vio su padre, y fue movido a misericordia, y corrió, y se echó sobre su cuello, y le besó. Y el hijo le dijo: Padre, he pecado contra el cielo y contra ti, y ya no soy digno de ser llamado tu hijo (Lucas 15:17-21).

Primero el joven volvió en sí. Dijo que su estilo de vida no le traía comodidades ni prosperidad a su ser ni a su alma. A continuación, decidió reconocer su pecado completamente ante su padre. No se esfuerza en culpar a nadie por su condición. Lo que nos dicen sus acciones es esencialmente: "Lo hice por mi cuenta y soy responsable de mi situación". Declara, "he pecado contra el cielo (Dios) y contra ti. Ya no merezco que se me llame tu hijo. Solo hazme un siervo." Dios no molestará a nadie hasta que estén listos para admitir su pecado. *"Andaré y volveré a mi lugar, hasta que reconozcan su pecado y busquen mi rostro. En su angustia me buscarán."* (Oseas 5:15).

Esta es la misma actitud que se ha de demostrar cuando uno se confiesa o se está restaurando de vuelta en la iglesia. Muchos quieren retomarlo donde lo dejaron, tener su antigua oficina de nuevo, su lugar en el púlpito, etc. Su actitud debe ser, "he deshonrado a la iglesia y a mi Dios. Lo único que pido es que me permitan ser restaurado como miembro. No justifico mi conducta y reconozco mi pecado como

LIDERAZGO PASTORAL Y GOBIERNO DE LA IGLESIA

reprochable ante la iglesia y ante Dios". Job lo dice de esta manera:

Él mira sobre los hombres; y al que dijere: Pequé, y pervertí lo recto, y no me ha aprovechado; Dios redimirá su alma para que no pase al sepulcro, y su vida se verá en luz. He aquí, todas estas cosas hace Dios dos y tres veces con el hombre, para apartar su alma del sepulcro, y para iluminarlo con la luz de los vivientes" *(Job 33:27-30).* La actitud de Job cambió cuando vio su insignificancia ante Dios, *"Entonces respondió Job a Jehová, y dijo: He aquí que yo soy vil; ¿qué te responderé? Mi mano pongo sobre mi boca. Una vez hablé, mas no responderé; aun dos veces, mas no volveré a hablar (Job 40:3-5).* Lee también *Job 42:1-6.*

Una de las mejores descripciones de confesión y cómo debe llevarse a cabo se encuentra en el libro de Josué,

Entonces Josué dijo a Acán: Hijo mío, da gloria a Jehová el Dios de Israel, y dale alabanza, y declárame ahora lo que has hecho; no me lo encubras. Y Acán respondió a Josué diciendo: Verdaderamente yo he pecado contra Jehová el Dios de Israel, y así y así he hecho. Pues vi entre los despojos un manto babilónico muy bueno, y doscientos siclos de plata, y un lingote de oro de peso de cincuenta siclos, lo cual codicié y tomé; y he aquí que está escondido bajo tierra en medio de mi tienda, y el dinero debajo de ello (Joshua 7:19-21).

Aprendemos de esta experiencia que el pecado puede causar disrupción en la iglesia. Cuando esto sucede, es responsabilidad del pastor buscar la causa, al igual que lo hizo Josué. El pecado a menudo está detrás de la confusión en la iglesia local. Cuando Acán fue descubierto, se le aconsejó dar "Gloria a Dios." ¿Cómo? Confesándose ante Él. Sin embargo, al confesarse ante Dios, quien ha pecado debe decirme a "MÍ" (Josué) lo que ha hecho sin ocultarlo de MÍ. Ten en cuenta que, al confesarse ante Dios, el culpable confiesa a una PERSONA, el pastor. Si sustituimos al pastor por Josué, tenemos la imagen de la iglesia; además, como se dijo antes, la confesión debe ser detallada. Cuando Acán confesó, dijo "*yo he pecado contra Jehová el Dios de Israel, y así y así he hecho*". Aun cuando algunos pueden cuestionar y no estar de acuerdo con este tipo de confesión, fue, sin embargo, el modo de Dios para Josué y Él es un Dios que no cambia. Lo que era bueno entonces, en principio, es todavía válido hoy.

Las siguientes referencias de las escrituras aportan al asunto debatido:

- Si el pueblo de Dios renuncia y se arrepiente, Él vendrá a ellos *(Jeremías 4:1)*.
- La ofrenda del Antiguo Testamento por pecar *(Levítico 4:27-30; 8:14-21)*.
- Un poco de fermento (pecado) puede estropear todo el pan *(1 Corintios 5:1-6)*.
- Me arrepiento en polvo y cenizas *(Job 40:4; 42:5-6)*.
- David dijo, *"Contra ti, contra ti solo he pecado" (Salmos 51:1-4)*.
- Cuando volvió en sí, reconoció que había pecado contra el

cielo *(Lucas 15:16-24)*.

- Cuando se comete pecado, tiene lugar la confusión *(Jeremías 3:20-25)*.
- El que encubre sus pecados, no prosperará – confiesa y apartate *(Proverbios 28:13-14)*.
- Confesaré mi maldad; me contristaré por mi pecado *(Salmos 38:18)*.
- No encubrí mi iniquidad (Salmos 32:5).

Cuando uno se ha arrepentido verdaderamente, hay evidencia absoluta de tal arrepentimiento.

Porque la tristeza que es según Dios produce arrepentimiento para salvación, de que no hay que arrepentirse; pero la tristeza del mundo produce muerte. Porque he aquí, esto mismo de que hayáis sido contristados según Dios, ¡qué solicitud produjo en vosotros, qué defensa, qué indignación, qué temor, qué ardiente afecto, qué celo, y qué vindicación! En todo os habéis mostrado limpios en el asunto (2 Corintios 7:10-11).

Existen siete características del arrepentimiento indicados en los versículos anteriores: *SOLICITUD, DEFENSA, INDIGNACIÓN, TEMOR, ARDIENTE AFECTO, CELO y VINDICACIÓN*. Estas siete evidencias de arrepentimiento son precedidas por "aflicción divina". Esta aflicción es diferente a la idea general de estar solo arrepentido de algo; se trata de una aflicción que produce un dolor intenso que toca el alma misma del individuo con una fuerte motivación para hacer algo al respecto. Es una pena infundida por el Espíritu de Dios para hacer la corrección del pecado por el cual se es culpable. Los resultados de este dolor se observan en las siete características del arrepentimiento. Examinemos cada una de estas características:

1. *SOLICITUD*: autoexamen, seriedad con el fin de evitar la misma condición, vigilancia.
2. *DEFENSA*: apologético con remordimiento por su conducta, energético para limpiarse de la mancha mostrando una desaprobación de la actitud.
3. *INDIGNACIÓN*: detestar y expresar un odio hacia el mal (pecado), enojado por los actos realizados.
4. *TEMOR*: no sea que la persona vuelva a quedar desprotegida y sea víctima del error del pecado y de la posterior disciplina; alarma cuando la persona reconoce la enormidad de la conducta pecaminosa y sus consecuencias.
5. *ARDIENTE AFECTO*: este anhelo de comunión restaurada, un fuerte deseo de agradar a Dios en todas las cosas y obtener su misericordia y perdón por los errores pasados y una restauración de Su espíritu.
6. *CELO*: un deseo intenso de evitar el mal uniéndose al bien; emplear el remedio para una vida piadosa ante Dios. Una ferviente motivación de hacer lo correcto. Este celo se expresa en acciones y no en palabras.
7. *VINDICACIÓN*: ser implacable contra todo mal y aplastar lo "incorrecto". Garantizar el castigo para los malhechores.

<u>Estos son los signos de una renovación espiritual y la evidencia de</u>

que el verdadero arrepentimiento ha tenido lugar.

Papel pastoral en la Confesión

Solo el pastor lleva la supervisión del proceso de la confesión. El pastor puede delegar la responsabilidad en otra persona, pero al final, él es responsable de la función pastoral. El pastor es el supervisor *(Hechos 20:28)* y el vigilante del alma *(Hebreos 13:17)*. *"Hermanos, si alguno fuere sorprendido en alguna falta, vosotros que sois espirituales, restauradle con espíritu de mansedumbre, considerándote a ti mismo, no sea que tú también seas tentado" (Gálatas 6:1)*. Primero, hay una persona alcanzada por algún pecado y el individuo no se resiste a la tentación por descuido o debilidad. "Vosotros que son espirituales" se refiere al ministerio, especialmente al pastor y no a alguien en la congregación que haya dado la impresión de ser muy espiritual y estar cerca de Dios. No es responsabilidad de los miembros restaurar a nadie; esta responsabilidad es del pastor. En cada congregación, hay quienes sienten que tienen un toque y una comprensión de los problemas de la gente especiales y están dispuestos a hacer un esfuerzo para atraer a los incautos hacia ellos mismos.

El proceso aquí no es tener una actitud "has hecho mal, ahora tienes que pagar", sino una de dulzura y compasión para restaurar a la persona que ha errado en un lugar de comunión y servicio correctos. Este versículo es como cuando a alguien se le disloca un brazo. La mayoría de nosotros sabemos lo doloroso que esto puede ser. La restauración es el esfuerzo de volver a colocar este brazo. Uno no sería insensible y áspero cuando él o ella intenta volver a encajarlo. En cambio, la persona utilizaría la ternura y la delicadeza para reducir el dolor de la persona afectada. Así es como el pastor ha de tratar al que ha sido alcanzado en una falta. El que es alcanzado está afligido por haber hecho tal cosa y nuestra actitud ha de ser ayudar a la persona, no empeorar el dolor. En segundo lugar, considérate a ti mismo, no sea que alguna vez puedas necesitar a alguien que te ayude. ¿Querrías el mismo trato que has dispensado a los demás? ¡Piensa en ello!

¿Está alguno enfermo entre vosotros? Llame a los ancianos de la iglesia, y oren por él, ungiéndole con aceite en el nombre del Señor. Y la oración de fe salvará al enfermo, y el Señor lo levantará; y si hubiere cometido pecados, le serán perdonados. Confesaos vuestras ofensas unos a otros, y orad unos por otros, para que seáis sanados. La oración eficaz del justo puede mucho (Santiago 5:14-16).

Algunas enfermedades son causadas por el pecado. Si la persona desea recuperarse, debe purgar su pecado. Llama a los ancianos (ministerio) de la iglesia y si la persona confiesa su pecado, la oración de fe salvará al que ha pecado o al que está enfermo como resultado de tal maldad. ¿Cómo sabrán los ancianos si alguien ha pecado a menos que lo confiese? Por desgracia, algunos han interpretado que la última parte del versículo se trata de una confesión pública. Esto es incorrecto y, en ningún momento, es para que los individuos hagan públicamente una confesión abierta ante la congregación por su mala conducta. Alguien podría pedir perdón por su conducta ante todos, pero sin confesar los pecados personales abiertamente, lo que debe hacerse ante el pastor y sus diáconos. Ni tampoco ha de confesarse ante cualquiera en la congregación pues algunos se esforzarían por escoger a un amigo y hablarle de su mala conducta, pero el amigo o el que sea no está calificado para recibir este tipo de confesión. Se trata de un mandato entre el santo individual y el pastor. Las confesiones individuales no se hacen ante congregaciones abiertas, sino en privado ante las autoridades competentes de la iglesia. David reconoce a Nathan, el vidente, que él era el culpable, pero no declaró su pecado delante de todo Israel *(2 Samuel 12:1-14).*

Hechos 19:18-19 ilustra cómo todos los que estaban en la iglesia confesaron sus prácticas paganas haciendo una confesión pública de su transgresión. Lo hicieron mediante la construcción de un gran fuego en la calle de la ciudad y quemaron todos sus libros de brujería, lo que permitió a todo el mundo saber que esa práctica era incorrecta y pecaminosa. Solo Dios puede conceder el arrepentimiento al transgresor; sin embargo, en su misericordia da un "espacio o tiempo" al transgresor para que se arrepienta.

~ 8 ~

Diezmos y Ofrendas

Desde el principio de los tiempos, Dios proveyó medios para financiar su programa mediante donaciones voluntarias (ofrendas) y las cuotas llamadas "diezmos". Contrariamente a la opinión de muchos, los diezmos no comienzan con la "Ley", sino que fue practicada por Abraham 430 años antes de la ley (Génesis 14: 18-20) y continuó a través de Jacob (Génesis 28: 20-22) y, finalmente, a través de Leví (ley) y del Sacerdocio Levítico. Dios emplea el principio de "ofrendas" cuando instruyó a Moisés sobre cómo adquirir los materiales para construir el tabernáculo (Éxodo 25:1-8) y el Templo de Salomón más adelante. El tema de los "diezmos y ofrendas" es ampliamente practicado, pero a menudo su propósito y aplicaciones son mal entendidos de acuerdo con las escrituras. Esta parte de la guía de estudio divide el tema de diezmos y ofrendas en dos secciones distintas. La primera sección se ocupará de los "DIEZMOS," cubriendo su definición y propósito conforme a las Escrituras. La segunda sección cubre las "OFRENDAS" y cómo se utilizan.

Es evidente que nadie puede pagar diezmos o dar ofrendas, a menos que, de algún modo, reciba "INGRESOS". Estos ingresos pueden ser dinero o salario, interés de inversiones, Seguridad Social y cheques de bienestar, bonos, producción de los campos (agricultura), ganado (vacas, ovejas, etc.) o algo que represente un incremento para el individuo. En los tiempos bíblicos, los diezmos consistían en productos cosechados, aumentos en los rebaños y manadas, dinero de la venta de productos, así como los salarios. Hoy en día, los diezmos y las ofrendas, casi siempre se pagan en la moneda actual y utilizar materias primas como medio de intercambio es la excepción a la regla. De entrada, es importante establecer que es Dios quien hace posible que obtengamos riquezas y es responsable de cualquier incremento que podamos disfrutar. Todo lo que poseemos en realidad pertenece a Dios y Él espera que seamos fieles administradores de Sus cosas. El escritor Moisés declaró,

> *Y digas en tu corazón: Mi poder y la fuerza de mi mano me han traído esta riqueza. Sino acuérdate de Jehová tu Dios, porque él te da el poder para hacer las riquezas, a fin de confirmar su*

pacto que juró a tus padres, como en este día (Deuteronomio 8:17-18).

Gracias a Él, uno tiene la fuerza, la salud y la oportunidad de obtener y mantener su empleo. Es gracias a Él que los campos y los árboles proporcionan cosechas y el ganado se reproduce para proveernos de nuestras necesidades.

En definitiva, Dios es dueño de todo y todo lo que podemos disfrutar es un "préstamo Suyo" para cubrir nuestras necesidades diarias. *"De Jehová es la tierra y su plenitud; el mundo, y los que en él habitan." (Salmos 24:1).* Más adelante, *"Porque mía es toda bestia del bosque, Y los millares de animales en los collados. Conozco a todas las aves de los montes, y todo lo que se mueve en los campos me pertenece. Si yo tuviese hambre, no te lo diría a ti; porque mío es el mundo y su plenitud" (Salmos 50:10-12).* Y, por último, *"A los ricos de este siglo manda que no sean altivos, ni pongan la esperanza en las riquezas, las cuales son inciertas, sino en el Dios vivo, que nos da todas las cosas en abundancia para que las disfrutemos. Que hagan bien, que sean ricos en buenas obras, dadivosos, generosos; atesorando para sí buen fundamento para lo por venir, que echen mano de la vida eterna" (1 Timoteo 6:17-19).* Dios es el dueño, controlador y generador de todo lo que existe. Estas cosas son dadas al hombre para que las disfrute, pero, al mismo tiempo, el hombre tiene la obligación y la responsabilidad de actuar como un buen administrador de las abundantes bendiciones de Dios. Se nos advierte que no pongamos nuestra confianza en cosas materiales corruptibles porque Dios puede reclamarlas tan fácilmente como puede proporcionarlas. Él espera que le honremos y le demos gloria por las bendiciones que recibimos y una forma de hacerlo es honrarlo con nuestros diezmos y ofrendas.

Diezmos

Diezmo se define como el "décimo" o una décima parte de tu incremento total. El incremento se define como "el importe bruto que se agrega a tus posesiones". Esto no se limita solo al salario bruto, sino a cualquier otro incremento que se añada a tu total de recursos, sujetos a impuestos o no. El escritor Moisés declaró,

Y el diezmo de la tierra, así de la simiente de la tierra como del fruto de los árboles, de Jehová es; es cosa dedicada a Jehová. Y si alguno quisiere rescatar algo del diezmo, añadirá la quinta parte de su precio por ello. Y todo diezmo de vacas o de ovejas, de todo lo que pasa bajo la vara, el diezmo será consagrado a Jehová. (Levítico 27:30-32).

Puesto que el "décimo" pertenece a Dios, Él puede disponer de ello como desee. Se les dio el "décimo" a los hijos de Leví por su servicio del tabernáculo. Cuando alguien paga sus diezmos, el dinero ya no es de esa persona y no puede opinar sobre cómo se utiliza. Ahora pertenece a Dios para que Él lo utilice y desembolse. Quizás la escritura más conocida sobre el tema de los diezmos,

Desde los días de vuestros padres os habéis apartado de mis leyes, y no las guardasteis. Volveos a mí, y yo me volveré a vosotros, ha dicho Jehová de los ejércitos. Mas dijisteis: ¿En qué hemos de volvernos? ¿Robará el hombre a Dios? Pues vosotros me habéis robado. Y dijisteis: ¿En qué te hemos

robado? En vuestros diezmos y ofrendas. Malditos sois con maldición, porque vosotros, la nación toda, me habéis robado. Traed todos los diezmos al alfolí y haya alimento en mi casa; y probadme ahora en esto, dice Jehová de los ejércitos, si no os abriré las ventanas de los cielos, y derramaré sobre vosotros bendición hasta que sobreabunde. Reprenderé también por vosotros al devorador, y no os destruirá el fruto de la tierra, ni vuestra vid en el campo será estéril, dice Jehová de los ejércitos (Malaquías 3:7-11).

Desafortunadamente, para algunos, esta es la única escritura que conocen, pero el propósito y el procedimiento de tratar con diezmos y ofrendas es desconocido para ellos. Atento al versículo 7, la acusación de Dios sobre su pueblo, "*os habéis apartado de mis leyes, y no las guardasteis. ¿Robará el hombre a Dios? ¿En qué? En vuestros diezmos y ofrendas*". Observa la distinción entre diezmos Y ofrendas: el robo implicaba a ambos. Una vez dieron el diezmo, pero ahora se han relajado y ya no están cumpliendo con su obligación con Dios. Él los llama "ladrones". ¿Se atreve alguien a robar a Dios? ¿Cuál es la naturaleza de este robo? No pagaron sus décimos ni dieron ofrendas y, como resultado, la casa de Dios tuvo carencias y los sacerdotes fueron forzados a trabajar en los campos. Los resultados, "*Malditos sois con maldición*" (v. 9). Traed todos los diezmos al ALFOLÍ (iglesia) y haya alimento en mi casa; y probadme ahora en esto, derramaré sobre vosotros bendición hasta que sobreabunde (v. 10). Pagar diezmos y dar ofrendas trae tal bendición que no habrá espacio suficiente para recibirla; sin embargo, el no pagar los diezmos acarrea una "maldición" en el individuo: el disfavor de Dios en todas sus actividades.

Ten en cuenta que los diezmos son una DEUDA que DEBEMOS a Dios. Es un porcentaje fijo del incremento total de una persona. Por otra parte, una ofrenda es la cantidad que el individuo decide dar como donativo voluntario. Los diezmos no se DAN. ¿Le "das" al banco el pago del préstamo de la hipoteca o PAGAS el préstamo al banco? El dinero de la hipoteca no pertenece al prestatario, es un préstamo y una deuda. Se espera que el acreedor hipotecario devuelva ese dinero con intereses PAGANDO la deuda en los plazos acordados. PUESTO QUE LOS DIEZMOS SON UNA DEUDA, PAGAMOS DIEZMOS, PERO DAMOS OFRENDAS. Cuando alguien deja de pagar diezmos, esa persona está robando a Dios. Las nueve décimas partes que Dios permite que nos quedemos, junto con Sus bendiciones, es mucho mejor que guardarlo todo para nosotros mismos.

El octavo mandamiento dice: *"No robarás" (Éxodo 20:15)*. Puesto que los diezmos pertenecen a Dios, ¿no se aplica este mandamiento también a lo que le pertenece? ¿Robar a Dios es menos pecado porque son las cosas de Dios? ¡NO! Robar a Dios es algo peligroso. Los primeros frutos pertenecen a Dios y, cuando recibimos nuestro incremento, nuestra obligación es dar a Dios lo que Le pertenece PRIMERO. Los primeros frutos son el importe bruto del salario; es lo primero que se paga con el sueldo antes de los recibos de casa, los pagos del coche, la comida, la tarjeta de crédito, etc. El IRS (hacienda) no confía en que vayamos a pagar nuestros impuestos, así que toman su parte primero para asegurarse de que la consiguen. La mayoría nunca ven la cantidad deducida de su cuenta. Es solo un número. Sin embargo, Dios tiene derecho al primer pago antes de que se pague cualquier otra cosa y confía en que la persona pague a tiempo. *"Honra a Jehová con tus bienes, y con las primicias de todos tus frutos; Y serán llenos tus graneros con abundancia, y tus lagares rebosarán de mosto" (Proverbios 3:9-10).*

La Fe Es Necesaria Para Dar A Dios El "Décimo" Con Un Corazón Dispuesto. Dios estableció el principio de los diezmos en el jardín, cuando reserva una parte para Sí mismo y no para Adán o Eva; el árbol del *"conocimiento del bien y del mal" (Génesis 2:17)*. No debían comer de este árbol y hacerlo podría resultar en pena de muerte. Estaba reservado a Dios y solamente para Dios. Como resultado de alimentarse de este árbol, el hombre recibió una sentencia de muerte y una maldición fue puesta sobre la tierra. Compara el principio con *Malaquías 3:9*, donde se maldice a quienes roban los diezmos a Dios. El propósito de los diezmos era asegurar *"alimento en mi casa" (Malaquías 3:10)*. Esto hace referencia a la Palabra y Verdad dispensadas por el ministerio. Este era el modo de Dios de compensar económicamente a los Sacerdotes Levíticos y, hoy en día, al Ministerio por sus servicios para con Él. *"¿Quién es, pues, el siervo fiel y prudente, al cual puso su señor sobre su casa para que les dé el alimento a tiempo?" (Mateo 24:45)*? La referencia aquí es la responsabilidad del ministerio de alimentar al rebaño de Dios con la Palabra.

Mientras que los detalles del diezmo se describen en el Antiguo Testamento, no hay demasiado detallado en el Nuevo Testamento. Sin embargo, hay suficientes referencias distintas en el Nuevo Testamento para dar autoridad al ministerio para que recoja el diezmo de los hijos de Dios. Considera a los Apóstoles, que eran judíos y muy familiarizados con el sistema del diezmo del Antiguo Testamento. No vieron ningún problema en aplicar el mismo sistema a la iglesia. Jesús justifica el pago de diezmos, acusando a los escribas y fariseos de hipócritas, que pagaban el diezmo de especias aromáticas y hierbas, habiendo dejado de lado lo más importante de la ley: la justicia, la misericordia y la fe *(Mateo 23:23)*. Estos (diezmos) que debían dar Y NO DEJAR LO OTRO SIN HACER.

Ten en cuenta las siguientes Escrituras:

- *"Y si vosotros sois de Cristo, ciertamente linaje de Abraham sois" (Gálatas 3:29)*.
- Si somos hijos de Abraham entonces tenemos que hacer las obras de Abraham, que es, pagar diezmos, como lo hizo Abraham *(Juan 8:39)*.
- Abraham dio diezmos de TODO a Melquisedec, Dios Mismo *(Génesis 14:18-20)* Dios.
- Jacob juró un voto que incluía dar un "décimo" a Dios *(Génesis 28:20-22)*.

El escritor Moisés declaró,

> *Y Jehová dijo a Aarón: De la tierra de ellos no tendrás heredad, ni entre ellos tendrás parte. Yo soy tu parte y tu heredad en medio de los hijos de Israel. Y he aquí yo he dado a los hijos de Leví todos los diezmos en Israel por heredad, por su apostolado, por cuanto ellos sirven en el apostolado del tabernáculo de*

reunión *(Números 18:20-21)*.

Si algo es mío, tengo el derecho a disponer de ello como mejor me parezca. Puesto que el décimo o diezmo pertenece a Dios, Él tiene derecho a disponer de ello como estime oportuno: se lo da a la iglesia para perpetuar la obra del ministerio.

- Moisés os dio la circuncisión (no porque fuera de Moisés, sino de los padres) *(Juan 7:22)*. Tanto la circuncisión como el diezmo vinieron de Abraham.
- Los levitas debían RECOGER diezmos de los hijos de Israel *(Números 18:26)*.

Ten en cuenta la siguiente referencia de las escrituras y los tiempos verbales presentes en la declaración.

Ciertamente los que de entre los hijos de Leví reciben el sacerdocio, tienen mandamiento de tomar del pueblo los diezmos según la ley, es decir, de sus hermanos, aunque éstos también hayan salido de los lomos de Abraham. Pero aquel cuya genealogía no es contada de entre ellos, tomó de Abraham los diezmos, y bendijo al que tenía las promesas. Y sin discusión alguna, el menor es bendecido por el mayor. Y aquí ciertamente reciben los diezmos hombres mortales; pero allí, uno de quien se da testimonio de que vive. Y por decirlo así, en Abraham pagó el diezmo también Leví, que recibe los diezmos; porque aún estaba en los lomos de su padre cuando Melquisedec le salió al encuentro. (Hebreos 7:5-10)

Aquellos, que SON los *"HIJOS OF LEVÍ"* *(Malaquías 3:10)*,

quienes *RECIBEN* el oficio del sacerdocio TIENEN un *MANDAMIENTO DE RECOGER DIEZMOS* del pueblo según la ley o el sistema. Observa el uso del tiempo presente en el verso anterior.

Ten en cuenta estas cuatro cosas:

1. El ministerio está ahora en el lugar del Sacerdocio, que *son los hijos de Leví.*
2. El ministerio ahora es instruido a *"recoger los diezmos del pueblo".*
3. Los diezmos se recogen *"según la ley"* (sistema).
4. El ministerio, que recibe los diezmos, también *PAGA diezmos.*

Más adelante, *"Y que estaría el sacerdote hijo de Aarón con los levitas, cuando los levitas recibiesen el diezmo; y que los levitas llevarían el diezmo del diezmo a la casa de nuestro Dios, a las cámaras de la casa del tesoro"* (Nehemías 10:38). Los diezmos se traen a la iglesia y no se envían al campo extranjero ni son para apoyar una emisión de televisión, no se da a los pobres ni se distribuye como el individuo elige. La iglesia es el "almacén" o la "casa del tesoro" y es la responsabilidad del pastor desembolsar para el uso del ministerio, siguiendo las directrices de Dios.

Los levitas debían pagar una "ofrenda" que consistía en una décima parte del diezmo. Este diezmo del diezmo, incluyendo los regalos que recibían, debía darse a Aarón. El diezmo del pueblo se daba a los levitas como herencia *(Números 18:24)*. Debían diezmar los diezmos ya que eran sus ingresos, el equivalente al incremento del pueblo *(Números 18:26-31)*. Denegar o restringir al ministerio de sus ingresos es un error. Los celos, la envidia, el resentimiento son a menudo las causas que hay detrás de estas restricciones. *"¿No sabéis que los que trabajan en las cosas sagradas, comen del templo, y que los que sirven al altar, del altar participan? Así también ordenó el Señor a los que anuncian el evangelio, que vivan del evangelio" (1 Corintios 9:13-14).* Si la iglesia del Nuevo Testamento no exigiera pagar diezmos y dar ofrendas, entonces ¿de dónde provendría la sustancia material (dinero) para proveer la manutención de los predicadores del evangelio? El ministerio ha de vivir de las cosas del templo (iglesia) y los que son ordenados a predicar el Evangelio deberían vivir del evangelio, indicando algún tipo de ingreso sistematizado (el sistema del diezmo). Lee además *Lucas 18:12 y Nehemías 13:10-12*. Estos principios fueron establecidos ANTES de la ley, DURANTE la ley y DESPUÉS de la ley. Bajo la ley, el uso de los diezmos era para quienes hacían el servicio del tabernáculo o templo (Levitas y Sacerdotes); sin embargo, ahora el uso del diezmo es para el ministerio de la iglesia.

Ley de los Diezmos

El Libro del Levítico expone,

> *Y el diezmo de la tierra, así de la simiente de la tierra como del fruto de los árboles, de Jehová es; es cosa dedicada a Jehová. Y si alguno quisiere rescatar algo del diezmo, añadirá la quinta parte de su precio por ello. Y todo diezmo de vacas o de ovejas, de todo lo que pasa bajo la vara, el diezmo será consagrado a Jehová. (Levítico 27:30-32).*

DIEZMOS Y OFRENDAS

Este pasaje establece que TODOS los diezmos pertenecen al Señor. Se paga el diezmo a Dios, no al pastor. El pastor lo usa, pero el pago por su servicio se hace a Dios. El diezmo debe ser pagado en el lugar que Dios elija (almacén - iglesia) y no donde uno desee hacerlo.

> *Sino que el lugar que Jehová vuestro Dios escogiere de entre todas vuestras tribus, para poner allí su nombre para su habitación, ése buscaréis, y allá iréis. Y allí llevaréis vuestros holocaustos, vuestros sacrificios, vuestros diezmos, y la ofrenda elevada de vuestras manos, vuestros votos, vuestras ofrendas voluntarias, y las primicias de vuestras vacas y de vuestras ovejas; y comeréis allí delante de Jehová vuestro Dios, y os alegraréis, vosotros y vuestras familias, en toda obra de vuestras manos en la cual Jehová tu Dios te hubiere bendecido. No haréis como todo lo que hacemos nosotros aquí ahora, cada uno lo que bien le parece (Deuteronomio 12:5-8).*

En la actualidad, el lugar donde se paga del diezmo es la iglesia local a la que se pertenezca. Véase *Deuteronomio 12:5-8; 10-14*. En los escritos de Moisés,

> *Y he aquí yo he dado a los hijos de Leví todos los diezmos en Israel por heredad, por su apostolado, por cuanto ellos sirven en el apostolado del tabernáculo de reunión. Y no se acercarán más los hijos de Israel al tabernáculo de reunión, para que no lleven pecado por el cual mueran. Mas los levitas harán el servicio del tabernáculo de reunión, y ellos llevarán su iniquidad; estatuto perpetuo para vuestros descendientes; y no poseerán heredad entre los hijos de Israel. Porque a los levitas*

he dado por heredad los diezmos de los hijos de Israel, que ofrecerán a Jehová en ofrenda; por lo cual les he dicho: Entre los hijos de Israel no poseerán heredad. Y habló Jehová a Moisés, diciendo: Así hablarás a los levitas, y les dirás: Cuando toméis de los hijos de Israel los diezmos que os he dado de ellos por vuestra heredad, vosotros presentaréis de ellos en ofrenda mecida a Jehová el diezmo de los diezmos. Y se os contará vuestra ofrenda como grano de la era, y como producto del lagar. Así ofreceréis también vosotros ofrenda a Jehová de todos vuestros diezmos que recibáis de los hijos de Israel; y daréis de ellos la ofrenda de Jehová al sacerdote Aarón. De todos vuestros dones ofreceréis toda ofrenda a Jehová; de todo lo mejor de ellos ofreceréis la porción que ha de ser consagrada. Y les dirás: Cuando ofreciereis lo mejor de ellos, será contado a los levitas como producto de la era, y como producto del lagar. Y lo comeréis en cualquier lugar, vosotros y vuestras familias; pues es vuestra remuneración por vuestro apostolado en el tabernáculo de reunión (Números 18:21-31).

En estos versículos, Dios da el "décimo" a los levitas (el ministerio) y da instrucciones de cómo debe usarse y de la libertad de su uso. Se trata de su sueldo por el servicio en el tabernáculo. Lee, además, *Números 18:26-31*. En los escritos del Apóstol Pablo,

¿Digo esto solo como hombre? ¿No dice esto también la ley? Porque en la ley de Moisés está escrito: No pondrás bozal al buey que trilla. ¿Tiene Dios cuidado de los bueyes, o lo dice

enteramente por nosotros? Pues por nosotros se escribió; porque con esperanza debe arar el que ara, y el que trilla, con esperanza de recibir del fruto. Si nosotros sembramos entre vosotros lo espiritual, ¿es gran cosa si segáremos de vosotros lo material? (1 Corintios 9:8-11)

Si sembramos lo espiritual, no es irrazonable cosechar cosas materiales. Los santos no deben amordazar la boca del buey que pisotea el maíz; lo que significa que el pastor y el ministerio no deben ser negados de lo que se les debe por derecho. Dios cuidará bien de aquellos que sirven a Su disposición. Recuerda, Dios es el pagador del pastor y Él no defraudará a nadie que haya sido comisionado por Él mismo para servir al pueblo de Dios. Aunque haya escasez de diezmos porque la gente no pague, Dios todavía está obligado a cuidar de sus propios "empleados". Sin embargo, hay una restricción. Cuando Dios promete cuidar de Sus siervos, no lo hace con intención de que el siervo derroche o abuse de las bendiciones recibidas. El pastor debe recordar siempre que él o ella es el administrador de los bienes de Dios y no debe volverse codicioso por el lucro inmundo ni esforzarse por seguir las tendencias y modas del mundo. Como está escrito,

Indefectiblemente diezmarás todo el producto del grano que rindiere tu campo cada año. Y comerás delante de Jehová tu Dios en el lugar que él escogiere para poner allí su nombre, el diezmo de tu grano, de tu vino y de tu aceite, y las primicias de tus manadas y de tus ganados, para que aprendas a temer a Jehová tu Dios todos los días" (Deuteronomio 14:22-23). Las personas que de verdad pagan diezmos no los retienen, sino que, al pagar los diezmos, consideran todo su incremento en cualquiera de sus formas. Los diezmos se pagan sobre los ingresos brutos y sobre cualquier otro tipo de incremento. *"o demorarás la primicia de tu cosecha ni de tu lagar. Me darás el primogénito de tus hijos. Lo mismo harás con el de tu buey y de tu oveja; siete días estará con su madre, y al octavo día me lo darás (Éxodo 22:29-30).*

Uno de los problemas en el pago de diezmos es cuando uno demora o aplaza el pago. Dios exige que se pague a tiempo. Retrasarlo es agregar una carga doble la próxima vez y, a menudo, la persona puede atrasarse tanto que no puede pagar todo lo que debe. Es mucho mejor pagar los diezmos cuando se recibe el ingreso, sin demora. Ha habido casos en que los individuos se atrasaron mucho en el pago de sus diezmos, permitieron al diablo disuadirlos, haciéndoles pensar que no tenía sentido seguir sirviendo a Dios y, en última instancia, se apartaron de la iglesia. Satanás trabaja en la conciencia culpable de un creyente y usará todas y cada una de las estratagemas para reconquistar a aquellos que una vez fueron liberados de su mano.

En *Nehemías 13:5, 10-12*, los levitas tuvieron que volver a los campos porque el pueblo no pagó el diezmo. Esto es lo mismo que forzar al pastor a volver a su trabajo secular para mantener a su familia porque los miembros de la iglesia no pagan sus diezmos como debieran. Muchos miembros descontentos de la iglesia han tratado de utilizar esta táctica de no pagar sus diezmos para forzar a un pastor a dejar la iglesia y, así, poder escoger a otro que les gustara más. Si el pastor es realmente la persona de Dios, éste resistirá y Dios validará la salvación.

- El ministerio es "alentado" porque el pueblo paga sus diezmos *(2 Crónicas 31:4-10)*.
- Al pagar los diezmos, el ministerio "causará" una bendición en tu casa (Ezequiel 44:30).
- Cuando los levitas y los sacerdotes recibían sus diezmos, el pueblo se regocijaba por ellos *(Nehemías 12:44)*.
- Debemos tener al ministerio en alta "estima" *(1 Tesalonicenses 5:12-13)*.

Cuando se había pagado el total de los diezmos, el pueblo debía declarar o reconocer que todo había sido pagado. En otras palabras, debían proporcionar un registro del diezmo pagado. Hoy esto se hace a través de nuestro método de los sobres del diezmo. En los tiempos actuales, es necesario mantener precisos registros de las donaciones de los miembros con fines tributarios y para justificar los ingresos y gastos de la iglesia, en caso de una inspección potencial del gobierno de las finanzas de la iglesia. Enseñar a las personas a diezmar es responsabilidad del ministerio y, de no hacerlo, éste será puesto en tela de juicio.

El ministerio o pastor debe pagar diezmos como los demás. Los diezmos se ofrecen al tesoro de la iglesia como parte de la obligación del pastor hacia el "servicio del santuario". Leví recibió diezmos y también los pagó. Los levitas estaban obligados a "cobrarse a sí mismos" una cierta cantidad por el "servicio del santuario" *(Nehemías 10:32-39; Números 18:26)*. Esta es la autoridad moderna para comprometerse a ayudar a llevar la carga de las necesidades de la iglesia.

A Aarón se le dio la responsabilidad de administrar el dinero que entraba en el templo a causa de la "unción" que descansaba sobre él. El manejo de las finanzas de la iglesia es responsabilidad del pastor por la "unción" con la que ha sido investido. El pastor puede delegar el trabajo en otros, pero es responsabilidad del pastor supervisar los asuntos de la iglesia. *"Dijo más Jehová a Aarón: He aquí yo te he dado también el cuidado de mis ofrendas; todas las cosas consagradas de los hijos de Israel te he dado por razón de la unción, y a tus hijos, por estatuto perpetuo"* (Números 18:8). Pastores, tened cuidado de no ser culpables de codicia por el "lucro inmundo" y por usar todos los diezmos para vosotros. Los diezmos son para el MINISTERIO. Se han de utilizar para asistir al ministerio en la iglesia local y también para el ministerio en iglesias más pequeñas. Si bien es cierto que las iglesias más pequeñas deben usar la mayoría del diezmo para apoyar al pastor, dicho pastor debe aprender a vivir por sus propios medios y no tratar de competir con el personal de las congregaciones más grandes con coches de lujo, casas grandes, etc. Recuerda, el diezmo de los diezmos pertenece a la tesorería de la iglesia.

Ofrendas

Al considerar al tema de diezmos y ofrendas, a menudo el énfasis se coloca solamente en los diezmos y raramente en las ofrendas. La acusación es que la gente ha robado a Dios de los diezmos y OFRENDAS *(Malaquías 3:7-11)*. Los diezmos eran utilizados principalmente por el Sacerdote y los levitas, que eran el equivalente al

DIEZMOS Y OFRENDAS

ministerio actual. Las ofrendas se utilizan para apoyar la casa de Dios, suministrar el mantenimiento y otras necesidades del edificio, utilidades, requerimientos de servicio, etc. de la iglesia. Mientras hablamos de una ofrenda voluntaria como de una ofrenda general para la iglesia, puede haber una serie de ofrendas especiales para necesidades específicas, así como promesas de compensar los costos significativos de compras y reparaciones.

Las ofrendas se dan según la medida de la bendición de Dios de un individuo y no son un porcentaje fijo de la "décima parte" o diezmo. De hecho, las ofrendas podrían ser MÁS que los diezmos en algunos casos. *Jehová dio a Aarón la responsabilidad de supervisar el dinero a causa de la unción descansando sobre él al ser el Sumo Sacerdote. El pastor tiene esa misma unción y responsabilidad (Números 18:8).* El pastor es responsable ante Dios de usar sabiamente los bienes de la tesorería de iglesia y de no ser necio ni derrochador solo porque haya dinero disponible. La casa de Dios merece lo mejor, pero requiere de alguien que sea prudente y experto en la gestión de esos activos. Debido a que Dios ha llamado y ordenado al pastor para ser supervisor, Él hace responsable al pastor de las transacciones comerciales de toda la iglesia. La unción descansa sobre el pastor por su oficio y no por su persona. Es necesario en la mayoría de los casos tener un personal que pueda ayudar en la gestión de iglesia para aliviar el pastor de deberes más espirituales, pero, aun así, la responsabilidad pertenece al pastor.

"Honra a Jehová con tus bienes, y con las primicias de todos tus frutos; Y serán llenos tus graneros con abundancia, y tus lagares rebosarán de mosto" (Proverbios 3:9-10). Estos versículos hablan de

tres cosas: honor, bienes y primicias. Honrar o dar gloria a Dios es OBEDECER sus mandamientos. En este versículo, se honra a Dios a través de la donación de ofrendas y del pago de diezmos. Los *bienes* es esa parte de nuestro incremento que queda después de haber pagado los diezmos. Las ofrendas de distintas descripciones se pagan de esos bienes. Los bienes pertenecen al individuo y éste puede usarlos como quiera. La *primicia* es el diezmo. Si alguien es fiel pagando el diezmo y generoso en la entrega de ofrendas, Dios prometió que la persona sería bendecida obteniendo aquello que haría a la persona "plena" y "feliz". Observa la siguiente escritura: *"Dad a Jehová la honra debida a su nombre; traed ofrendas, y venid a sus atrios" (Salmos 96:8).*

Moisés fue comisionado por Dios para construir un "Santuario para Él". Esto requirió materiales de construcción de todo tipo junto con oro, plata, latón, etc. También se necesitaron joyas preciosas y lino fino para cumplir con la visión del santuario de Dios que se le había mostrado a Moisés en el Monte Sinaí. Antes de que pudiera comenzar, Moisés tuvo que pedir al pueblo ofrendas de todo lo que necesitaba para construir el Santuario, según se le había indicado. Este material vino de Egipto y fue llevado por el pueblo al desierto. Bien, Dios tenía que poner todas estas cosas en práctica y ordenó a Moisés:

> *Di a los hijos de Israel que tomen para mí ofrenda; de todo varón que la diere de su voluntad, de corazón, tomaréis mi ofrenda. Ésta es la ofrenda que tomaréis de ellos: oro, plata, cobre, azul, púrpura, carmesí, lino fino, pelo de cabras, pieles de carneros teñidas de rojo, pieles de tejones, madera de acacia,*

DIEZMOS Y OFRENDAS

aceite para el alumbrado, especias para el aceite de la unción y para el incienso aromático, piedras de ónice, y piedras de engaste para el efod y para el pectoral. Y harán un santuario para mí, y habitaré en medio de ellos (Éxodo 25:2-8).

¿Cómo debía Moisés adquirir estas cosas? Pidiendo a la gente que las llevara voluntariamente. Esto debería dar respuesta a los críticos que se quejan de que "todo lo que hace la iglesia es pedir dinero". Ten en cuenta que fue Dios quien, a principios de la construcción de una estructura para el culto, pidió una ofrenda voluntaria a la congregación.

Posteriormente, Esdras recibió una orden similar cuando el templo se estaba construyendo.

Así ha dicho Ciro rey de Persia: Jehová el Dios de los cielos me ha dado todos los reinos de la tierra, y me ha mandado que le edifique casa en Jerusalén, que está en Judá. Quien haya entre vosotros de su pueblo, sea Dios con él, y suba a Jerusalén que está en Judá, y edifique la casa a Jehová Dios de Israel (él es el Dios), la cual está en Jerusalén. Y a todo el que haya quedado, en cualquier lugar donde more, ayúdenle los hombres de su lugar con plata, oro, bienes y ganados, además de ofrendas voluntarias para la casa de Dios, la cual está en Jerusalén (Esdras 1:2-4).

Había que presentar la ofrenda a Esdras JUNTO CON LA OFRENDA VOLUNTARIA PARA LA CASA DE DIOS. La cantidad que damos como ofrenda a la iglesia la elegimos cada uno; sin embargo, la ofrenda especial se SUMA a nuestras ofrendas regulares de la iglesia. No se debería dividir la ofrenda original en pequeños trozos, sino conservarla entera. Por ejemplo, comprometerse con el fondo del edificio no es a expensas de la ofrenda regular, sino una cantidad adicional a la ofrenda regular.

Los siguientes versículos son ejemplos de ofrenda especiales que se solicitaron,

- *Éstas son las fiestas solemnes de Jehová, a las que convocaréis santas reuniones, para ofrecer ofrenda encendida a Jehová, holocausto y ofrenda, sacrificio y libaciones, cada cosa en su tiempo, además de los días de reposo de Jehová, de vuestros dones, de todos vuestros votos, y de todas vuestras ofrendas voluntarias que acostumbráis dar a Jehová (Levítico 23:37-38).*
- *"Y tomaron de delante de Moisés toda la ofrenda que los hijos de Israel habían traído para la obra del servicio del santuario, a fin de hacerla. Y ellos seguían trayéndole ofrenda voluntaria cada mañana"* (Éxodo 36:3).

Las ofrendas voluntarias son ofrendas regulares dedicadas al mantenimiento y suministro de la casa de Dios.

Y harás la fiesta solemne de las semanas a Jehová tu Dios; de la abundancia voluntaria de tu mano será lo que dieres, según Jehová tu Dios te hubiere bendecido. Cada uno con la ofrenda de su mano, conforme a la bendición que Jehová tu Dios te hubiere dado (Deuteronomio 16:10, 17).

Además,

Ahora, pues, llevad también a cabo el hacerlo, para que como estuvisteis prontos a querer, así también lo estéis en cumplir

DIEZMOS Y OFRENDAS

conforme a lo que tengáis Porque si primero hay la voluntad dispuesta, será acepta según lo que uno tiene, no según lo que no tiene (2 Corintios 8:11-12).

Otra referencia bíblica sobre el tema,

Cuando haces voto a Jehová tu Dios, no tardes en pagarlo; porque ciertamente lo demandará Jehová tu Dios de ti, y sería pecado en ti. Mas cuando te abstengas de prometer, no habrá en ti pecado. Pero lo que hubiere salido de tus labios, lo guardarás y lo cumplirás, conforme lo prometiste a Jehová tu Dios, pagando la ofrenda voluntaria que prometiste con tu boca (Deuteronomio 23:21-23).

La escritura ofrece una visión de las "ofrendas voluntarias" y la actitud con la que han de ofrecerse. Es dar como Dios ha bendecido y dar de acuerdo a las posibilidades de cada uno. Hay que dar con una mente dispuesta y no permitir que las emociones rijan el proceso de la donación. Por lo tanto, si no lo tienes, no lo prometas y si haces una promesa para dar (compromiso), entonces paga lo que has prometido. *"No te des prisa con tu boca, ni tu corazón se apresure a proferir palabra delante de Dios; porque Dios está en el cielo, y tú sobre la tierra; por tanto, sean pocas tus palabras" (Eclesiastés 5:2).* Este versículo advierte contra ser superado por las emociones y prometer más de lo que uno puede ofrecer. Cuando la iglesia esté buscando compromisos, sé generoso, pero sensato. Comprométete según tus posibilidades pues Dios hará responsable a cada uno por sus promesas fallidas.

Y Joás dijo a los sacerdotes: Todo el dinero consagrado que se suele traer a la casa de Jehová, el dinero del rescate de cada persona según está estipulado, y todo el dinero que cada uno de su propia voluntad trae a la casa de Jehová, recíbanlo los sacerdotes, cada uno de mano de sus familiares, y reparen los portillos del templo dondequiera que se hallen grietas (2 Reyes 12:4-5).

Estos versículos particulares trataban con un problema de reparación y cada uno se puso una cierta cantidad para reparar la casa de Dios. Esto es lo mismo que comprometerse.

Nos impusimos además por ley, el cargo de contribuir cada año con la tercera parte de un siclo para la obra de la casa de nuestro Dios; para el pan de la proposición y para la ofrenda continua, para el holocausto continuo, los días de reposo, las nuevas lunas, las festividades, y para las cosas santificadas y los sacrificios de expiación por el pecado de Israel, y para todo el servicio de la casa de nuestro Dios (Nehemías 10:32-33).

Además, los levitas debían cobrarse a sí mismos o, usando un lenguaje actual, ellos debían "prometer" dar una cierta cantidad de sus "ingresos" para proporcionar los artículos necesarios usados en el culto del templo. Si un pastor piensa que él o ella está exento de este tipo de ofrenda, está equivocado; el pastor tiene la misma obligación que el pueblo.

"Y tomarás de los hijos de Israel el dinero de las expiaciones, y lo darás para el servicio del tabernáculo de reunión; y será por memorial a los hijos de Israel delante de Jehová, para hacer expiación

DIEZMOS Y OFRENDAS

por vuestras personas" (Éxodo 30:16). Existen ofrendas especiales para fines específicos y se deben usarse a tal efecto.

Después de esto, aconteció que Joás decidió restaurar la casa de Jehová. Y reunió a los sacerdotes y los levitas, y les dijo: Salid por las ciudades de Judá, y recoged dinero de todo Israel, para que cada año sea reparada la casa de vuestro Dios; y vosotros poned diligencia en el asunto. Pero los levitas no pusieron diligencia. Por lo cual el rey llamó al sumo sacerdote Joiada y le dijo: ¿Por qué no has procurado que los levitas traigan de Judá y de Jerusalén la ofrenda que Moisés siervo de Jehová impuso a la congregación de Israel para el tabernáculo del testimonio? (2 Crónicas 24:4-6)

Aquellos que son asignados a hacer el trabajo o servicio en la Casa de Dios deben dar cuentas de las finanzas que reciben para hacer el trabajo, sino se les cuestionará y se tomará acción contra ellos. Las actitudes dilatorias no deben tolerarse en la gestión de la iglesia de Dios.

Cuando nos damos al Señor o hacemos un voto para ofrecer algo a la iglesia, debería involucrar algún sacrificio de nuestra parte. Cuando David quiso construir un altar para ofrecer sacrificios a Dios, se le ofreció la era de Arauna como regalo, pero David se negó a aceptarla porque lo no le costó nada. *"Y el rey dijo a Arauna: No, sino por precio te lo compraré; porque no ofreceré a Jehová mi Dios holocaustos que no me cuesten nada. Entonces David compró la era y los bueyes por cincuenta siclos de plata" (2 Samuel 24:24).* Esto debería ser una lección para que determinemos la generosidad de nuestras ofrendas a la iglesia. Cuando alguien da, debería haber algún "sacrificio". No es siempre cuánto (cantidad) uno da, sino el motivo y la actitud detrás de la entrega. Jesús señala a la viuda que dio las dos blancas, todo lo que tenía, que, a ojos de Dios, era más que la abundancia de los ricos. Como regla general, aquellos con menos a menudo dan proporcionalmente más que los que tienen mucho.

> *Estando Jesús sentado delante del arca de la ofrenda, miraba cómo el pueblo echaba dinero en el arca; y muchos ricos echaban mucho. Y vino una viuda pobre, y echó dos blancas, o sea un cuadrante. Entonces llamando a sus discípulos, les dijo: De cierto os digo que esta viuda pobre echó más que todos los que han echado en el arca; porque todos han echado de lo que les sobra; pero ésta, de su pobreza echó todo lo que tenía, todo su sustento (Marcos 12:41-44).*

Dios ama al dador alegre y es adverso al tacaño que es agarrado con sus bienes. El que no siembre muchas semillas, entonces no segará una cosecha abundante. Poco dado, poco recibido.

> *Pero esto digo: El que siembra escasamente, también segará escasamente; y el que siembra generosamente, generosamente también segará. Cada uno dé como propuso en su corazón: no con tristeza, ni por necesidad, porque Dios ama al dador alegre. Y poderoso es Dios para hacer que abunde en vosotros toda gracia, a fin de que, teniendo siempre en todas las cosas todo lo suficiente, abundéis para toda buena obra (2 Corintios 9:6-8).*

Las otras ofrendas que damos no han de darse a expensas de nuestra ofrenda regular a la iglesia. Las siguientes referencias de las escrituras ilustran las bendiciones de la liberalidad. *"El alma liberal será engordada: Y el que saciare, él también será saciado" (Proverbios 11:25)*. Además, *"Dad, y se os dará; medida buena, apretada, remecida y rebosando darán en vuestro regazo; porque con la misma medida con que medís, os volverán a medir" (Lucas 6:38)*. Pablo, sabiendo que había algunas deficiencias en Jerusalén, donde la iglesia estaba en extrema necesidad, organizó una ofrenda que debía entregarse de manera regular y guardarse, por si la iglesia lo necesitara en algún momento. Esto ilustra la necesidad de algún tipo de entrega organizada para los pobres y otros necesitados. En tiempos de desastre nacional, por ejemplo, las iglesias recogen dinero para ayudar a aliviar el sufrimiento de las personas en estos desastres. Tal vez, el mejor ejemplo de esta colecta organizada especial es la Ofrenda de Misiones Extranjeras recogida por las iglesias de las Asambleas Pentecostales del Mundo cada segundo domingo del mes para el Departamento Internacional de Misiones. *"En cuanto a la ofrenda para los santos, haced vosotros también de la manera que ordené en las iglesias de Galacia." (1 Corintios 16:1)*.

Las Ofrendas Elevadas. Son un regalo a Dios. Las ofrendas que los hijos de Israel daban voluntariamente o eran prescritas por ley. Estas ofrendas se separaban de lo que los sacerdotes presentaban ante Dios; no como un sacrificio, sino como una ofrenda.

Epílogo

Los principios de este libro se han aplicado en la iglesia, donde el autor era pastor la cual consistía en una pequeña congregación. Los principios eran instrumentales en establecer el liderazgo de la iglesia y dirigir la visión del ministerio. Todas las necesidades del ministerio fueron cubiertas, la iglesia no tiene deudas y se han implementado muchas mejoras importantes. El ministerio ha cumplido completamente con todos sus requisitos organizativos y ha podido asistir a otras iglesias, así como ayudar a otros pastores necesitados. Como pastor, las necesidades personales del autor han sido satisfechas sin el apoyo de un paquete de beneficios pastoral o de un trabajo externo. Para apoyar al ministerio, no se ha necesitado recaudar fondos con cenas de iglesia, juegos de bingo o cualquier otra forma especial de adquisición de dinero. Los diezmos y las ofrendas son las únicas fuentes de ingresos de nuestra

EPILOGO

iglesia y Dios nos ha bendecido de una manera tremenda porque la gente ha sido enseñada y han obedecido; por lo tanto, son bendecidos. Cuando las personas son bendecidas, la iglesia será bendecida.

Autor

El doctor Harry L. Herman nació en Indianápolis, Indiana, el 14 de noviembre de 1924, donde fue bautizado en el nombre de Jesús y llenado con el Espíritu Santo el 05 de julio de 1949. Creció en la madre iglesia, Templo de Cristo. Sirvió en el ejército de Estados Unidos en el frente del Pacífico de la Segunda Guerra Mundial.

El 9 de octubre de 1949 se casó con Jenny Rea "Jerry" Herman y el Señor los bendijo con 5 hijos. El obispo Herman y la doctora "Jerry" eran miembros activos del Templo de Cristo. Él sirvió en casi todos los departamentos de la iglesia y, en 1960-1965, sirvió como Pastor Auxiliar, siendo llamado al Templo de Cristo en Detroit como pastor. Recibió su Certificado de membresía para el ministerio con el A.B.S.A en marzo de 1955. Ascendió a presidente del Departamento de la

AUTOR

Escuela Dominical y a presidente asistente del Departamento de Jóvenes en el A.B.S.A.

Fue elevado al Obispado en las Asambleas Pentecostales del Mundo, Inc. en marzo de 1989 y consagrado en agosto de 1989. Es miembro del Consejo Ejecutivo Episcopal y miembro activo de la Junta de Obispos. Ha servido en numerosos comités; el Pulpit Committee, License & Credential Committee, es presidente y miembro de la Comisión del Comité Judicial y Director del I.C.E.A. Es un profesor bien conocido de la Biblia, que defiende firmemente la Doctrina Apostólica. Recibió la enseñanza temprana de sus padres, quienes a su vez recibieron sus enseñanzas del difunto obispo G. T. Haywood y del anciano Robert F. Tobin. Su ministerio fue reforzado por la lectura de los escritos del obispo Haywood y por las enseñanzas del difunto obispo Morris E. Golder y del difunto obispo Willie Lee. Sirvió como Diocesano del Consejo de Minnesota, Wisconsin y Dakotas durante 6 años y medio, antes de ser nombrado Diocesano del Consejo del Distrito Norte (Michigan) de 1996 a 2013. Fue elegido Presidente del Consejo en 1984 durante dos períodos y sirvió como Anciano de Distrito durante 11 años.

Su familia se trasladó a Kalamazoo por invitación del difunto obispo Ross P. Paddock en septiembre de 1970 para convertirse en Pastor Asistente del Templo de Cristo de Kalamazoo. El obispo Paddock dimitió como Pastor el 5 de junio de 1972 y el obispo Herman fue elegido como Pastor, sirviendo fielmente hasta el 31 de enero de 2010. Tiene un récord perfecto como profesor en la escuela dominical durante 34 años. Fue nombrado Doctor de Divinidad honorario del Aenon Bible College en 1994 y obtuvo un Doctorado en Teología y un Doctorado en Divinidad en 1995 en el International Apostolic College. Es un estimado consejero y maestro de jóvenes ministros, pastores y parejas casadas.

www.ingramcontent.com/pod-product-compliance
Lightning Source LLC
Chambersburg PA
CBHW032129090426
42743CB00007B/521